Korte Verhalen in het Duits

Nederlands en het Duits naast elkaar

Voorwoord

Welkom bij dit unieke boek vol korte verhalen! In deze speciale bundel ontdekt u een collectie van verhalen die zowel in het Duits als in het Nederlands zijn geschreven. Op elke linkerpagina vindt u het verhaal in het Duits, terwijl de rechterpagina de Nederlandse versie laat zien.

Dit innovatieve concept is bedacht om liefhebbers van beide talen een boeiende leeservaring te bieden en tegelijkertijd uw taalvaardigheden in het Duits of Nederlands te versterken. Of u nu native speaker bent van een van deze talen of gewoon dol op taal leren, dit boek is een fantastische kans om te duiken in de prachtige verhalenwereld die deze talen rijk zijn.

De korte verhalen in deze bundel zijn met zorg uitgekozen om een verscheidenheid aan thema's en stijlen te presenteren. Van humoristische anekdotes tot ontroerende vertellingen over liefde, vriendschap en avontuur, deze verzameling belooft u te vermaken en te inspireren.

We hopen dat u geniet van het lezen van deze verhalen en dat ze u stimuleren om uw taalreis in de Duitse en Nederlandse taalwereld voort te zetten. Laat uw verbeelding de vrije loop, versterk uw taalvaardigheden en verbreed uw horizon met elke pagina die u omslaat.

Veel leesplezier en ontdekkingen toegewenst!

Hoe zeg je de Duitse letters?

A: als in "appel".
Ä: als de Nederlandse "e" in "bed".
B: als in "bal", maar aan het einde van een woord als een "p".
C: meestal gebruikt in combinatie met "h" of "k", en wordt dan als "ch" of "k" uitgesproken.
D: als in "dag", maar aan het einde van een woord als een "t".
E: als in "eten".
F: als in "fiets".
G: als in "goed", maar aan het einde van een woord vaak zachter, als de "g" in "dag".
H: als in "huis".
I: als in "ik".
J: als de Nederlandse "j" in "ja".
K: als in "kat".
L: als in "licht".
M: als in "maan".
N: als in "noot".
O: als in "bos".
Ö: benaderd door "eu" in "deur".
P: als in "paal".
Q: altijd met "u" (als "kw").
R: als een keelklank, vergelijkbaar met de Franse "r".
S: als in "zoon" aan het begin van een woord, anders als "s" in "bos".
ß: scherpe "s" klank, als in "straat".
T: als in "tijd".
U: als in "muur".
Ü: benaderd door "u" in het Franse "lune".
V: als "f" in "fiets".
W: als de Nederlandse "w" in "water".
X: als "ks".
Y: als "ü" of als de Nederlandse "ij" in "bij".
Z: als "ts" in "rits".

Inhoudsopgave

Ein neuer Freund

Yasin zog mit seiner Familie aus dem Irak nach England, auf der Suche nach einem sicheren Zuhause. In London fand er einen Freund in seinem Nachbarn Andrew. Obwohl er anfangs Schwierigkeiten mit der englischen Sprache hatte, half ihm Andrew, sich zu verbessern. In der Schule fühlte sich Yasin unsicher und wurde von anderen Kindern gehänselt, aber Andrew stand ihm bei und verteidigte ihn. Dies half Yasin, sich einzugliedern, und er gewann an Selbstvertrauen.

Die Freundschaft zwischen Yasin und Andrew wuchs mit der Zeit. Sie lernten voneinander und schätzten ihre Unterschiede. Dies führte dazu, dass Yasin sich in der neuen Umgebung wohl fühlte und persönlich wuchs. Er war dankbar für die Unterstützung und die Gelegenheiten, die er durch Andrew und seine neuen Freunde erhielt. Yasin erkannte, dass wahre Freundschaft und Vielfalt einen großen Wert haben.

Een Nieuwe Vriend

Yasin verhuisde met zijn familie vanuit Irak naar Engeland, op zoek naar een veilig thuis. In Londen vond hij een vriend in zijn buurjongen Andrew. Hoewel hij aanvankelijk moeite had met de Engelse taal, hielp Andrew hem om te verbeteren. Op school voelde Yasin zich onzeker en werd hij geplaagd door andere kinderen, maar Andrew stond hem bij en verdedigde hem. Dit hielp Yasin om zich aan te passen en hij kreeg meer zelfvertrouwen.

De vriendschap tussen Yasin en Andrew groeide met de tijd. Ze leerden van elkaar en waardeerden hun verschillen. Dit zorgde ervoor dat Yasin zich comfortabel voelde in zijn nieuwe omgeving en persoonlijk groeide. Hij was dankbaar voor de steun en de kansen die hij kreeg door Andrew en zijn nieuwe vrienden. Yasin besefte dat ware vriendschap en diversiteit van grote waarde zijn.

Ein neues Abenteuer

Sam war in Paris und vermisste Indien. Seine Familie zog um, weil sein Vater dort Arbeit fand. Am Flughafen fühlte er sich unwohl, weil ein Junge seinen Turban anschaute. Er nahm einen falschen Koffer und fuhr nach Hause. Paris war sehr anders als Indien. Sein Vater sagte, er soll die neuen Dinge genießen.

In der Schule konnte Sam kein Französisch und war anders als die anderen. Sein Vater tröstete ihn. Er sah den Jungen vom Flughafen, der weinte. Der Junge, Pierre, hatte seinen Koffer verloren. Sam hatte Pierres Koffer und gab ihn zurück. Sie wurden Freunde. Pierre zeigte Sam die Schule und Sam erzählte über Indien. Sam lernte, dass es gut ist, offen und mutig zu sein.

Een Nieuw Avontuur

Sam was in Parijs en miste India. Zijn familie verhuisde daarheen omdat zijn vader daar werk vond. Op het vliegveld voelde hij zich ongemakkelijk omdat een jongen naar zijn tulband keek. Hij nam een verkeerde koffer mee en ging naar huis. Parijs was heel anders dan India. Zijn vader zei dat hij van de nieuwe dingen moest genieten.

Op school kon Sam geen Frans en was hij anders dan de anderen. Zijn vader troostte hem. Hij zag de jongen van het vliegveld, die huilde. De jongen, Pierre, was zijn koffer kwijt. Sam had Pierres koffer en gaf deze terug. Ze werden vrienden. Pierre liet Sam de school zien en Sam vertelde over India. Sam leerde dat het goed is om open en moedig te zijn.

Ein neues Zuhause

Tim war ein junger Bengal-Tiger, der im Winter frierte und sich nach der Wärme seines Heimatlandes Indien sehnte. Er versuchte sich zu erinnern, aber es war schwierig. Das machte ihn traurig.

Eines Tages sah Lila, die Pantherin, wie Tim nachdachte. Sie fragte, was er macht, und Tim sagte, dass er sich erinnern wollte, wie es ist, ein Bengal-Tiger zu sein.

Lila riet Tim, sich im Eis zu spiegeln und seine Streifen anzusehen, so wie sie ihre Flecken als Erinnerung an Afrika hatte. Sie erzählte, dass sie beide, obwohl aus verschiedenen Welten, Gemeinsamkeiten hatten, wie ihre Schnurrhaare und Krallen.

Tim dachte über andere Tiere nach und ob sie Heimweh hatten. Lila sagte, alle im Zoo vermissen manchmal ihr Zuhause, aber haben etwas, das sie daran erinnert.

Tim fühlte sich besser, als er wusste, dass seine Streifen ihn immer an Indien erinnern würden. Als es Nacht wurde, verstand er, dass alle Tiere, obwohl unterschiedlich, gemeinsame Gefühle hatten und dass er nie allein sein würde.

Een Nieuw Thuis

Tim was een jonge Bengaalse tijger die in de winter kou leed en verlangde naar de warmte van zijn thuisland India. Hij probeerde zich te herinneren, maar het was moeilijk. Dit maakte hem verdrietig.

Op een dag zag Lila, de panter, dat Tim nadacht. Ze vroeg wat hij deed, en Tim zei dat hij zich probeerde te herinneren hoe het is om een Bengaalse tijger te zijn.

Lila adviseerde Tim om zichzelf in het ijs te spiegelen en naar zijn strepen te kijken, net zoals zij haar vlekken had als herinnering aan Afrika. Ze vertelde dat ze, hoewel uit verschillende werelden, overeenkomsten hadden, zoals hun snorharen en klauwen.

Tim dacht na over andere dieren en of zij heimwee hadden. Lila zei dat iedereen in de dierentuin soms zijn thuis mist, maar iets heeft dat hen eraan herinnert.

Tim voelde zich beter toen hij wist dat zijn strepen hem altijd aan India zouden herinneren. Toen het nacht werd, begreep hij dat alle dieren, hoewel verschillend, gemeenschappelijke gevoelens hadden en dat hij nooit alleen zou zijn.

Ein Haus aus Süßigkeiten

Ein Mann lebte mit Tom und Sally, seinen Kindern, in einem Dorf. Sie hatten wenig Essen. Die Stiefmutter wollte, dass die Kinder weggebracht werden, um mehr Essen für sich zu haben.

Tom hörte das und nahm glänzende Steine mit. Sie wurden im Wald gelassen, und Tom legte die Steine, um nach Hause zu finden. Die Stiefmutter wurde böse, als sie zurückkamen. Sie schickten die Kinder wieder weg, aber diesmal hinterließen sie Brotkrumen, die Vögel aßen.

Tom und Sally verliefen sich und fanden ein Süßigkeitshaus. Eine alte Frau, eine Hexe, lud sie ein, weil sie sie essen wollte.

Die Hexe gab ihnen viel Essen, um sie dick zu machen. Tom trickste die Hexe aus mit einem Knochen statt seinem Finger. Die Hexe wollte Tom kochen, aber Sally schubste sie in den Ofen.

Sally fand Gold und sie entkamen. Sie kehrten zurück und lebten ohne Stiefmutter. Sie waren nicht mehr arm.

Een Huis van Snoep

Een man woonde met Tom en Sally, zijn kinderen, in een dorp. Ze hadden weinig eten. De stiefmoeder wilde dat de kinderen werden weggebracht om meer eten voor zichzelf te hebben.

Tom hoorde dit en nam glanzende stenen mee. Ze werden in het bos achtergelaten, en Tom legde de stenen neer om de weg naar huis te vinden. De stiefmoeder werd boos toen ze terugkwamen. Ze stuurden de kinderen weer weg, maar deze keer lieten ze broodkruimels achter, die door vogels werden opgegeten.

Tom en Sally verdwaalden en vonden een huis gemaakt van snoep. Een oude vrouw, een heks, nodigde hen uit omdat ze hen wilde opeten.

De heks gaf hen veel eten om ze dik te maken. Tom misleidde de heks met een bot in plaats van zijn vinger. De heks wilde Tom koken, maar Sally duwde haar in de oven.

Sally vond goud en ze ontsnapten. Ze keerden terug en leefden zonder stiefmoeder. Ze waren niet langer arm.

Wie die Schildkröte ihre seltsame Schale bekam

Einmal gab es in einem hungrigen Land eine schlaue Schildkröte, Tim, und einen starken Hasen, Rob. Tim wollte wissen, warum Rob so stark war, und tat so, als wäre er traurig. Rob wollte helfen und sagte, sie sollten sich bei einem Bach treffen, wenn es dunkel wird.

Nachts gingen sie zu einer Lichtung und Rob sang ein Lied. Ein Seil kam vom Himmel und sie stiegen hoch zu einer Wolke. Dort fanden sie einen Raum voller Essen von Robs Mutter. Tim aß viel und sie gingen nach Hause.

Am nächsten Tag wollte Tim alleine zu Robs Mutter gehen. Er sang und kletterte am Seil, aber Rob sah ihn. Robs Mutter schnitt das Seil und Tim fiel runter. Er landete auf einem Stein und seine Schale zerbrach. Die Schale war nicht mehr glatt.

Hoe de Schildpad Haar Vreemde Schelp Kreeg

Er was eens in een hongerig land een slimme schildpad, Tim, en een sterke haas, Rob. Tim wilde weten waarom Rob zo sterk was, en deed alsof hij verdrietig was. Rob wilde helpen en zei dat ze elkaar bij een beek moesten ontmoeten als het donker werd.

's Nachts gingen ze naar een open plek en Rob zong een lied. Er kwam een touw uit de hemel en ze klommen omhoog naar een wolk. Daar vonden ze een kamer vol eten van Robs moeder. Tim at veel en ze gingen naar huis.

De volgende dag wilde Tim alleen naar Robs moeder gaan. Hij zong en klom aan het touw, maar Rob zag hem. Robs moeder sneed het touw door en Tim viel naar beneden. Hij landde op een steen en zijn schelp brak. De schelp was niet langer glad.

Der Bauer und das Pferd

Ein Bauer, Ben, und sein Pferd, Gilly, arbeiteten zusammen. Sie hatten Essen und verkauften Gemüse. Einmal kam kein Regen und nichts wuchs. Ben verkaufte alles, aber es regnete nicht.

Ben und Gilly hatten Hunger. Ben dachte, er muss Gilly essen, aber er sah Gillys traurige Augen und sagte sorry. Gilly war nicht böse. Dann fing es an zu regnen und alles wuchs wieder. Sie ernteten und verkauften viel Gemüse. Sie hatten genug Geld und waren glücklich. Ben sagte, er wird kein Pferdefleisch essen, weil Gilly sein Freund ist.

De Boer en het Paard

Een boer, Ben, en zijn paard, Gilly, werkten samen. Ze hadden eten en verkochten groenten. Een keer kwam er geen regen en groeide er niets. Ben verkocht alles, maar het regende niet.

Ben en Gilly hadden honger. Ben dacht dat hij Gilly moest eten, maar toen hij Gilly's droevige ogen zag, zei hij sorry. Gilly was niet boos. Toen begon het te regenen en alles groeide weer. Ze oogstten en verkochten veel groenten. Ze hadden genoeg geld en waren gelukkig. Ben zei dat hij geen paardenvlees zou eten, omdat Gilly zijn vriend is.

Der alte Mann und die grüne Flasche

Ein alter Fischer fand eines Tages statt Fischen eine geheimnisvolle grüne Flasche in seinem Netz. Da er dachte, er könnte sie für ein paar Münzen verkaufen, beschloss er, sie mit nach Hause zu nehmen. Der alte Mann wunderte sich über die Flasche und hoffte, dass sie etwas Wertvolles enthielt.

Als er zuhause ankam, reinigte er die Flasche und zog den Korken heraus. Zu seiner Überraschung und Schrecken entwich ein großer Dschinn mit einem furchteinflößenden Gesicht. Der Dschinn war zornig, weil er so lange eingeschlossen gewesen war, und drohte nun, den alten Mann zu bestrafen. Doch der Fischer, der in seinem Leben gelernt hatte, mit schwierigen Situationen umzugehen, blieb ruhig.

Mit einem cleveren Trick forderte der Fischer den Dschinn heraus, zu beweisen, dass er wirklich in die kleine Flasche passte. Der eitle Dschinn fiel auf den Trick herein und schrumpfte, um sich wieder in die Flasche zu zwängen. Blitzschnell setzte der Fischer den Korken auf die Flasche und versiegelte den Dschinn erneut. Er warf die Flasche zurück ins Meer, damit der Dschinn kein Unheil mehr anrichten konnte. Der Fischer ging erleichtert nach Hause, froh darüber, dass seine Klugheit ihm das Leben gerettet hatte.

De Oude Man en de Groene Fles

Een oude visser vond op een dag in plaats van vissen een mysterieuze groene fles in zijn net. Omdat hij dacht dat hij deze voor een paar munten kon verkopen, besloot hij haar mee naar huis te nemen. De oude man vroeg zich af over de fles en hoopte dat er iets waardevols in zat.

Toen hij thuiskwam, maakte hij de fles schoon en trok de kurk eruit. Tot zijn verbazing en schrik kwam er een grote djinn met een angstaanjagend gezicht uit. De djinn was boos omdat hij zo lang opgesloten was geweest, en dreigde nu de oude man te straffen. Maar de visser, die in zijn leven had geleerd om met moeilijke situaties om te gaan, bleef kalm.

Met een slimme truc daagde de visser de djinn uit om te bewijzen dat hij echt in de kleine fles paste. De ijdele djinn trapte in de val en kromp om zichzelf weer in de fles te wringen. Snel plaatste de visser de kurk op de fles en verzegelde de djinn opnieuw. Hij wierp de fles terug in zee, zodat de djinn geen kwaad meer kon doen. De visser ging opgelucht naar huis, blij dat zijn wijsheid zijn leven had gered.

Der Esel und der Hund

Ein Bauer hatte viele Esel und einen treuen Hund, der nachts auf die Farm aufpasste. Der Bauer vergaß eines Tages, den Hund zu füttern, und ging schlafen. Der hungrige Hund war traurig und sprach zum Esel über sein Leid. Der Esel tröstete den Hund und meinte, dass der Bauer sicherlich bald für ihr Futter sorgen würde.

In der Nacht entdeckte der Esel einen Dieb auf der Farm. Der Esel riet dem Hund, zu bellen, damit der Bauer aufwachen würde, aber der Hund weigerte sich aus Trotz wegen seines Hungers. Stattdessen machte der Esel selbst Lärm, um den Bauer zu alarmieren. Der Bauer kam heraus, verjagte den Dieb und sah ein, dass er den Hund vergessen hatte. Er fütterte den Hund und versprach, nie wieder seine Fütterung zu vergessen. Der Hund verzieh ihm und die Farm war wieder sicher.

De Ezel en de Hond

Een boer had veel ezels en een trouwe hond, die 's nachts op de boerderij waakte. De boer vergat op een dag de hond te voeren en ging slapen. De hongerige hond was verdrietig en sprak met de ezel over zijn leed. De ezel troostte de hond en zei dat de boer zeker snel voor hun voedsel zou zorgen.

In de nacht ontdekte de ezel een dief op de boerderij. De ezel raadde de hond aan te blaffen, zodat de boer wakker zou worden, maar de hond weigerde uit koppigheid vanwege zijn honger. In plaats daarvan maakte de ezel zelf lawaai om de boer te alarmeren. De boer kwam naar buiten, joeg de dief weg en besefte dat hij de hond vergeten was. Hij voerde de hond en beloofde nooit meer zijn voeding te vergeten. De hond vergaf hem en de boerderij was weer veilig.

Der kluge Hase

Einmal gab es einen bösen Tiger, der Tiere im Wald ärgerte. Aber ein schlauer Hase hatte keine Angst. Der Hase machte einen Plan, um den Wald sicher zu machen. Er sagte den anderen Tieren von seinem Plan und sie ließen ihn machen.

Der Hase ging zum Tiger und log, dass ein größerer Tiger im Wald war. Der Tiger wollte den sehen. Der Hase zeigte dem Tiger einen Brunnen und sagte, der große Tiger wäre dort. Der Tiger sah sein Bild im Wasser und dachte, es wäre der andere Tiger. Er sprang rein, um zu kämpfen, aber konnte nicht mehr raus.

Der Hase sagte den Tieren, dass jetzt alles sicher ist. Die Tiere waren froh und dankten dem Hasen.

De Slimme Haas

Er was eens een boze tijger die de dieren in het bos lastigviel. Maar een slimme haas was niet bang. De haas maakte een plan om het bos veilig te maken. Hij vertelde de andere dieren over zijn plan en zij lieten hem zijn gang gaan.

De haas ging naar de tijger en loog dat er een grotere tijger in het bos was. De tijger wilde deze zien. De haas wees naar een put en zei dat de grote tijger daar was. De tijger zag zijn eigen spiegelbeeld in het water en dacht dat het de andere tijger was. Hij sprong erin om te vechten, maar kon er niet meer uit.

De haas vertelde de dieren dat alles nu veilig was. De dieren waren blij en bedankten de haas.

Die Familie der Amseln

Es lebte eine Familie von Amseln, die sich in Mailand niedergelassen hatte. Sie hatten ein gemütliches Nest hoch in einem Baum, im Garten eines prächtigen Palastes. Die Eltern hatten glänzend schwarze Federn, während ihre Jungen noch weiß befiedert waren.

Als der Winter kam, wurde es sehr kalt und Nahrung zu finden, war schwierig. Die Amsel-Eltern suchten unermüdlich nach Futter, während die Menschen manchmal mit Mitleid Krümel streuten. Der Vater entschied sich eines Tages, Richtung Süden zu fliegen, um einen wärmeren Ort und mehr Essen zu finden.

Während seiner Abwesenheit schützte die Mutter ihre Küken vor der eisigen Kälte, indem sie das Nest näher an den Rauch eines warmen Kamins verlegte. Als der Vater zurückkehrte, fand er seine ganze Familie pechschwarz vor. Von diesem Tag an waren Amseln bekannt für ihr schwarzes Gefieder.

Diese Geschichte hat den Brauch in Mailand inspiriert, die letzten drei Tage im Januar als "die Tage der schwarzen Amsel" zu bezeichnen. Es ist eine Zeit, in der man sich an die Strapazen und die Anpassungsfähigkeit dieser kleinen Vogelfamilie erinnert.

De Familie van de Merels

Er woonde een familie merels in Milaan. Ze hadden een gezellig nest hoog in een boom, in de tuin van een prachtig paleis. De ouders hadden glanzend zwarte veren, terwijl hun jongen nog wit gevederd waren.

Toen de winter kwam, werd het erg koud en was het moeilijk om voedsel te vinden. De merelouders zochten onvermoeibaar naar eten, terwijl mensen soms medelijdend kruimels strooiden. Op een dag besloot de vader zuidwaarts te vliegen om een warmere plek en meer eten te vinden.

Tijdens zijn afwezigheid beschermde de moeder haar kuikens tegen de ijzige kou door het nest dichter bij de rook van een warme schoorsteen te verplaatsen. Toen de vader terugkeerde, vond hij zijn hele familie pekzwart. Vanaf die dag stonden merels bekend om hun zwarte verenkleed.

Dit verhaal inspireerde de traditie in Milaan om de laatste drie dagen van januari te benoemen als "de dagen van de zwarte merel". Het is een tijd om te denken aan de ontberingen en aanpassingsvermogen van deze kleine vogelfamilie.

Der kleine Gärtner

Sally, ein zehnjähriges Mädchen, verbrachte ihre Tage gerne im Gemüsegarten ihrer Eltern. Ihr Vater gab ihr eines Tages einen Korb voller frischer Ernte für ihre alte Nachbarin, Frau Brown. Während Sally den Weg entlangging, kam ihr die Idee, dass sie das Gemüse auf dem Markt verkaufen könnte, um Geld für neue Samen zu verdienen. Mit diesen Samen träumte sie davon, ihren eigenen Garten anzulegen und irgendwann eine erfolgreiche Gärtnerin zu werden.

Doch als sie in Gedanken vertieft war, bemerkte sie nicht den Stein auf ihrem Weg. Sie stolperte und das Gemüse verstreute sich auf dem Boden. Traurig über den verlorenen Plan und das verschüttete Gemüse, erkannte Sally, dass Träume ohne Aufmerksamkeit auf die Realität nicht erfüllt werden können. Sie hob das Gemüse auf und setzte ihren Weg fort, diesmal vorsichtiger und entschlossen, aus ihren Fehlern zu lernen.

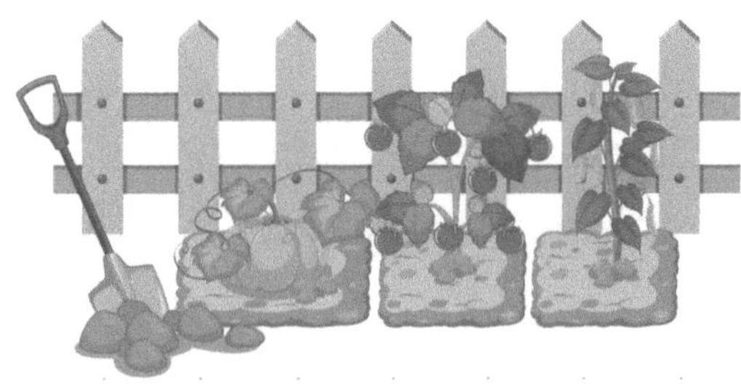

De Kleine Tuinier

Sally, een tienjarig meisje, bracht haar dagen graag door in de groentetuin van haar ouders. Haar vader gaf haar op een dag een mand vol verse oogst voor hun oude buurvrouw, mevrouw Brown. Terwijl Sally op weg was, kwam ze op het idee dat ze de groenten op de markt kon verkopen om geld te verdienen voor nieuwe zaden. Met deze zaden droomde ze ervan haar eigen tuin aan te leggen en ooit een succesvolle tuinier te worden.

Maar terwijl ze in gedachten verzonken was, merkte ze de steen op haar pad niet op. Ze struikelde en de groenten verspreidden zich over de grond. Verdrietig over het verloren plan en de verspilde groenten, realiseerde Sally zich dat dromen zonder aandacht voor de realiteit niet vervuld kunnen worden. Ze raapte de groenten op en vervolgde haar weg, ditmaal voorzichtiger en vastbesloten om van haar fouten te leren.

Kleine Vogel und Rabe

Der kleine Vogel beschloss eines Tages, den Raben zu sich nach Hause zum Essen einzuladen. Er bereitete sorgfältig ein Festmahl vor und wartete auf die Ankunft seines Gastes. Die Zeit verging, und als der Rabe nicht erschien, wurde der kleine Vogel ungeduldig und begann, alleine zu essen.

Als er fertig war, realisierte er, dass er nicht hätte essen sollen, bevor sein Gast ankam. Voller Sorge, der Rabe könne wütend werden und ihn bestrafen, versteckte sich der kleine Vogel in seinem Haus. Kurz nachdem er sein Versteck gefunden hatte, kam der Rabe an und war enttäuscht, als er sah, dass kein Essen mehr übrig war.

Der Rabe rief den kleinen Vogel, der zitternd aus seinem Versteck kam. Er bat um Entschuldigung und erklärte, was geschehen war. Der Rabe war verständnisvoll, aber erklärte dem kleinen Vogel, wie wichtig es ist, zu warten und zu teilen. Sie sprachen lange und am Ende verzieh der Rabe dem kleinen Vogel. Sie vereinbarten, dass der kleine Vogel beim nächsten Mal warten würde, bis der Rabe ankam, bevor sie gemeinsam essen würden.

Kleine Vogel en Raaf

Een kleine vogel besloot op een dag de raaf uit te nodigen om bij hem thuis te komen eten. Hij bereidde zorgvuldig een feestmaal voor en wachtte op de komst van zijn gast. De tijd verstreek, en toen de raaf niet verscheen, werd de kleine vogel ongeduldig en begon alleen te eten.

Toen hij klaar was, realiseerde hij zich dat hij niet had moeten eten voordat zijn gast arriveerde. Vol zorgen dat de raaf boos zou worden en hem zou straffen, verstopte de kleine vogel zich in zijn huis. Kort nadat hij zich had verstopt, arriveerde de raaf en was teleurgesteld toen hij zag dat er geen eten meer over was.

De raaf riep de kleine vogel, die bevend uit zijn schuilplaats kwam. Hij verontschuldigde zich en legde uit wat er was gebeurd. De raaf was begripvol, maar legde de kleine vogel uit hoe belangrijk het is om te wachten en te delen. Ze praatten lang en uiteindelijk vergaf de raaf de kleine vogel. Ze spraken af dat de kleine vogel de volgende keer zou wachten tot de raaf arriveerde voordat ze samen zouden eten.

Acht magische Bäume

Es gab einen König mit sieben Frauen, aber keine Kinder. Der König war traurig. Die jüngste Frau bekam acht Kinder, sieben Jungen und ein Mädchen, aber die anderen Frauen waren eifersüchtig. Sie versteckten die Kinder und sagten, die jüngste Frau hätte Tiere geboren. Der König glaubte ihnen und schickte sie weg.

Jahre später wuchsen aus den Kindern acht Zauberbäume. Als der König Blumen pflücken wollte, hörten die Bäume auf zu blühen. Eine Stimme sagte ihm, er solle die jüngste Königin zurückholen. Sie kam und als sie die Blumen pflückte, wurden die Kinder wieder lebendig. Die bösen Frauen wurden bestraft und der König und seine Familie waren wieder glücklich.

Acht Magische Bomen

Er was eens een koning met zeven vrouwen, maar geen kinderen. De koning was verdrietig. De jongste vrouw kreeg acht kinderen, zeven jongens en een meisje, maar de andere vrouwen waren jaloers. Ze verstopten de kinderen en zeiden dat de jongste vrouw dieren had gebaard. De koning geloofde hen en stuurde haar weg.

Jaren later groeiden er acht magische bomen uit de kinderen. Toen de koning bloemen wilde plukken, stopten de bomen met bloeien. Een stem vertelde hem de jongste koningin terug te halen. Ze kwam en toen zij de bloemen plukte, kwamen de kinderen weer tot leven. De boze vrouwen werden gestraft en de koning en zijn familie waren weer gelukkig.

Schwere Zeiten

Als der Krieg in meiner frühen Kindheit ausbrach, war meine Familie gezwungen, unser Heimatland zu verlassen. Meine schwangere Mutter, meine Schwestern und ich flohen unter schwierigen Umständen, um der drohenden Gefahr zu entkommen. Die Flucht war voller Ängste, besonders als wir an der Grenze ankamen und im Gedränge meine ältere Schwester aus den Augen verloren. Es war ein Moment tiefer Verzweiflung, der sich glücklicherweise auflöste, als wir sie wiederfanden.

Nach Kriegsende kehrten wir zurück und fanden unser Zuhause zerstört vor. Trotz der Trümmer und des Verlustes entschied meine Mutter, dass wir für einen Neuanfang nach England ziehen sollten. In England angekommen, war alles neu und ungewohnt, doch mit der Zeit passten wir uns an und ich fand Freunde in der Schule, die aus verschiedenen Teilen der Welt kamen.

Diese frühen Lebenserfahrungen prägten mich und lehrten mich, dass nach harten Zeiten neue Chancen und Hoffnung auf einen warten können. Ich lernte, dass Veränderungen zwar beängstigend sein können, aber auch neue Türen öffnen und zu unbekannten, oft besseren Wegen führen.

Zware Tijden

Toen de oorlog in mijn vroege kindertijd uitbrak, was mijn familie gedwongen ons thuisland te verlaten. Mijn zwangere moeder, mijn zussen en ik vluchtten onder moeilijke omstandigheden om aan het dreigende gevaar te ontsnappen. De vlucht was vol angsten, vooral toen we bij de grens aankwamen en mijn oudere zus uit het oog verloren. Het was een moment van diepe wanhoop, die gelukkig oploste toen we haar weer vonden.

Na het einde van de oorlog keerden we terug en vonden ons huis verwoest. Ondanks de puinhopen en het verlies besloot mijn moeder dat we naar Engeland zouden verhuizen voor een nieuwe start. Eenmaal in Engeland aangekomen, was alles nieuw en ongewoon, maar mettertijd pasten we ons aan en vond ik vrienden op school uit verschillende delen van de wereld.

Deze vroege levenservaringen hebben mij gevormd en geleerd dat er na moeilijke tijden nieuwe kansen en hoop op je kunnen wachten. Ik leerde dat veranderingen eng kunnen zijn, maar ook nieuwe deuren openen en leiden naar onbekende, vaak betere paden.

John und das kleine Eichhörnchen

In einer kleinen Stadt in der Türkei lebte Johann mit seiner Mutter. Sie hatten nicht viel Geld und Johann suchte im Wald nach Essen. Eines Tages fand er ein weinendes Eichhörnchen und tröstete es. Sie wurden Freunde und das Eichhörnchen versprach, ihm zu helfen.

Das Eichhörnchen zeigte Johann einen Platz, wo er eine Königin traf. Sie stellte ihm drei Fragen, und das Eichhörnchen half ihm, diese zu beantworten. Die Königin gab Johann als Dank Gold.

Später fand Johann heraus, dass das Eichhörnchen eine verzauberte Prinzessin war. Er besiegte einen Drachen, um ein Heilmittel zu holen, und das Eichhörnchen wurde wieder eine Prinzessin. Der Sultan, ihr Vater, war dankbar und Johann wurde reich. Er und seine Mutter hatten nie wieder Sorgen.

Johann en het Kleine Eekhoorntje

In een klein stadje in Turkije woonde Johann met zijn moeder. Ze hadden niet veel geld en Johann zocht in het bos naar eten. Op een dag vond hij een huilend eekhoorntje en troostte het. Ze werden vrienden en het eekhoorntje beloofde hem te helpen.

Het eekhoorntje wees Johann een plek waar hij een koningin ontmoette. Zij stelde hem drie vragen, en het eekhoorntje hielp hem deze te beantwoorden. De koningin gaf Johann als dank goud.

Later ontdekte Johann dat het eekhoorntje een betoverde prinses was. Hij versloeg een draak om een geneesmiddel te halen, en het eekhoorntje veranderde weer in een prinses. De sultan, haar vader, was dankbaar en Johann werd rijk. Hij en zijn moeder hadden nooit meer zorgen.

Die Geschichte des Mädchens mit den langen Haaren

Ein mutiges Mädchen mit dem Namen "Langhaar" lebte in einem Dorf, das an Wasserarmut litt. Sie fand eine Quelle unter einer großen Rübe, aber ein Dämon beanspruchte das Wasser für sich und drohte ihr. "Langhaar" wollte das Dorf retten und teilte das Geheimnis der Quelle mit den Dorfbewohnern, obwohl ihr dadurch Gefahr drohte.

Der Dämon verlangte, dass "Langhaar" als Preis für das Wasser ihr Leben opfern sollte. Doch bevor sie sich opferte, half ihr der Banyan-Gott, indem er eine Statue aus ihrem Haar erschuf, die sie unter Wasser ersetzte und so den Dämon täuschte.

"Langhaar" lebte weiter unter den Dorfbewohnern, die nun dank ihr Zugang zu frischem Wasser hatten. Der Dämon, der getäuscht wurde, zog sich zurück, und der Frieden wurde wiederhergestellt.

Het Verhaal van het Meisje met de Lange Haren

Een dapper meisje genaamd "Langhaar" woonde in een dorp dat leed onder waterschaarste. Ze vond een bron onder een grote raap, maar een demon claimde het water voor zichzelf en bedreigde haar. "Langhaar" wilde het dorp redden en deelde het geheim van de bron met de dorpsbewoners, ondanks het gevaar dat dit voor haar meebracht.

De demon eiste dat "Langhaar" als prijs voor het water haar leven zou opofferen. Maar voordat ze zich opofferde, hielp de Banyan-God haar door een standbeeld uit haar haar te creëren, die ze onder water plaatste om zo de demon te misleiden.

"Langhaar" bleef leven onder de dorpsbewoners, die nu dankzij haar toegang hadden tot vers water. De misleide demon trok zich terug, en de vrede werd hersteld.

Schmerzhafte Erfahrungen

Einst beobachtete eine weise alte Eule vom hohlen Baum aus das Treiben im Wald. Sie sah, wie eine naive Taube von einem schlauen Fuchs hereingelegt wurde. Der Fuchs hatte der Taube geschmeichelt und sie dazu überredet, ihren Käse zu singen, wodurch der Käse herunterfiel und vom Fuchs verschlungen wurde. Die Taube, nun ohne ihren Käse, fühlte sich betrogen und traurig. Die Eule schüttelte den Kopf über die Leichtgläubigkeit der Taube, aber sie wusste, dass Fehler oft zu lehrreichen Erfahrungen führen.

Am gleichen Tag beobachtete die Eule, wie eine Grille, die den ganzen Sommer über gesungen und nicht an den Winter gedacht hatte, eine fleißige Ameise um Nahrung bat. Die Ameise, die hart gearbeitet hatte, um ihre Vorräte zu sammeln, lehnte es ab, der Grille zu helfen, indem sie ihr eine Lektion in Weitsicht und harter Arbeit erteilte. Die Grille musste hungern und lernen, dass die Vorbereitung auf die Zukunft unerlässlich ist.

Nach diesen Beobachtungen dachte die Eule über das Wesen der Weisheit und die Bedeutung von Erfahrungen nach. Sie wusste, dass Worte allein nicht immer ausreichen, um Weisheit zu vermitteln. Oft müssen das Herz und der Verstand durch direkte Erfahrung berührt werden, damit die tiefen Lektionen des Lebens wirklich verstanden und angenommen werden können.

Pijnlijke Ervaringen

Ooit observeerde een wijze oude uil vanuit haar holle boom de gebeurtenissen in het bos. Ze zag hoe een naïeve duif door een sluwe vos werd misleid. De vos had de duif gevleid en haar overgehaald om te zingen voor haar kaas, waardoor de kaas viel en door de vos werd opgegeten. De duif, nu zonder haar kaas, voelde zich bedrogen en verdrietig. De uil schudde haar hoofd over de goedgelovigheid van de duif, maar wist dat fouten vaak leiden tot leerzame ervaringen.

Op dezelfde dag zag de uil hoe een krekel, die de hele zomer had gezongen en niet aan de winter had gedacht, een ijverige mier om voedsel vroeg. De mier, die hard had gewerkt om haar voorraad te verzamelen, weigerde de krekel te helpen, waarmee ze haar een les leerde in vooruitziendheid en hard werken. De krekel moest honger lijden en leren dat voorbereiding op de toekomst essentieel is.

Na deze observaties dacht de uil na over de aard van wijsheid en het belang van ervaringen. Ze wist dat woorden alleen niet altijd voldoende zijn om wijsheid over te brengen. Vaak moeten het hart en de geest door directe ervaring worden geraakt, zodat de diepe lessen van het leven echt begrepen en aanvaard kunnen worden.

Tom von den Schweinen

Tom war ein Junge, der Schweine hütete. Er war bekannt als Tom von den Schweinen.

Eines Tages wollte ein Mann seine Schweine kaufen. Tom sagte, er würde sie verkaufen, aber er behielt die Ohren und Schwänze der Schweine. Er versteckte ein Schwein im Sand, so dass nur die Ohren und Schwänze zu sehen waren, und sagte dem Mann, die Schweine wären im Sand gefangen.

Der Mann wollte die Schweine retten, fand aber nur Ohren und Schwänze. Er schickte Tom, um Schaufeln zu holen, aber Tom bat stattdessen um Gold. Der Mann gab Tom das Gold. Später wurde Toms Gold gestohlen. Ein Dieb trickste Tom aus und Tom starb, weil er seinem Rat folgte, seine eigene Niere zu entfernen.

Der Mann sagte, dass Tom zwar schlau war, aber jemand war schlauer als er.

Tom van de Varkens

Tom was een jongen die varkens hoedde. Hij stond bekend als Tom van de Varkens.

Op een dag wilde een man zijn varkens kopen. Tom zei dat hij ze zou verkopen, maar hij behield de oren en staarten van de varkens. Hij verstopte een varken in het zand, zodat alleen de oren en staarten zichtbaar waren, en vertelde de man dat de varkens in het zand gevangen zaten.

De man wilde de varkens redden, maar vond alleen oren en staarten. Hij stuurde Tom om scheppen te halen, maar Tom vroeg in plaats daarvan om goud. De man gaf Tom het goud. Later werd Toms goud gestolen. Een dief misleidde Tom en Tom stierf omdat hij zijn advies volgde om zijn eigen nier te verwijderen.

De man zei dat Tom weliswaar slim was, maar iemand anders slimmer was dan hij.

Die Meerjungfrau

Es war einmal eine junge Meerjungfrau namens Lila, die in einem glitzernden Palast unter dem Meer wohnte. Ihr Heim war voller Schönheit und Licht, geschmückt mit schimmernden Korallen und Perlen.

Der König des Meeres, Lilas Vater, war sehr beschützend und warnte sie oft davor, zur Meeresoberfläche zu schwimmen und sich den Menschen zu zeigen. Aber Lila war neugierig und sehnte sich danach, die Welt über dem Wasser zu sehen.

Eines Tages konnte sie nicht widerstehen und schwamm nach oben. Dort begegnete sie einem freundlichen Fischer, und sie fühlten sofort eine tiefe Verbindung. Doch als ihr Vater dies herausfand, entfesselte er aus Zorn einen mächtigen Sturm, der das Boot des Fischers in Gefahr brachte.

Mit all ihrer Kraft rettete Lila den Fischer vor dem Untergang. Ihr Vater, enttäuscht von ihrem Ungehorsam, verwandelte sie zur Strafe in Schaum. Ihr einst leuchtender Palast fiel in Dunkelheit.

Die Legende besagt, dass bis heute, wenn der Meeresschaum ans Ufer gespült wird, es ein Zeichen von Prinzessin Lila ist, die an ihre Liebe und ihr leuchtendes Zuhause erinnert.

De Zeemeermin

Er was eens een jonge zeemeermin genaamd Lila, die in een glinsterend paleis onder de zee woonde. Haar thuis was vol schoonheid en licht, versierd met schitterende koralen en parels.

De koning van de zee, Lilas vader, was erg beschermend en waarschuwde haar vaak om niet naar het zeeoppervlak te zwemmen en zich aan mensen te tonen. Maar Lila was nieuwsgierig en verlangde ernaar de wereld boven het water te zien.

Op een dag kon ze de verleiding niet weerstaan en zwom naar boven. Daar ontmoette ze een vriendelijke visser, en ze voelden meteen een diepe verbinding. Maar toen haar vader dit ontdekte, ontketende hij uit woede een krachtige storm die de boot van de visser in gevaar bracht.

Met al haar kracht redde Lila de visser van de ondergang. Haar vader, teleurgesteld door haar ongehoorzaamheid, veranderde haar als straf in schuim. Haar ooit stralende paleis viel in duisternis.

De legende zegt dat tot op de dag van vandaag, wanneer het zeeschuim aan land spoelt, het een teken is van prinses Lila, die herinnert aan haar liefde en haar stralende thuis.

Die Frau, die drei Männer will

Es war eine kluge Frau in Spanien. Ihr Vater wollte, dass sie einen von drei Männern heiratet. Die Frau wollte alle drei heiraten.

Ihr Vater war nicht einverstanden. Er schickte die drei Männer, um besondere Dinge zu finden. Der Erste brachte einen Spiegel, der alles zeigen konnte. Der Zweite brachte Öl, das Tote lebendig machen konnte. Der Dritte brachte ein Boot, das sehr schnell fahren konnte.

Die Männer fanden heraus, dass die Frau tot war. Sie benutzten den Spiegel, das Öl und das Boot, um sie zu retten. Die Frau lebte wieder.

Der Vater war glücklich. Die Frau sagte, dass sie alle drei Männer heiraten wird.

De Vrouw die Drie Mannen Wilde

Er was een slimme vrouw in Spanje. Haar vader wilde dat ze met een van de drie mannen zou trouwen. De vrouw wilde met alle drie trouwen.

Haar vader was het er niet mee eens. Hij stuurde de drie mannen om bijzondere dingen te vinden. De eerste bracht een spiegel die alles kon laten zien. De tweede bracht olie die doden tot leven kon wekken. De derde bracht een boot die heel snel kon varen.

De mannen ontdekten dat de vrouw dood was. Ze gebruikten de spiegel, de olie en de boot om haar te redden. De vrouw leefde weer.

De vader was blij. De vrouw zei dat ze met alle drie mannen zou trouwen.

Die Träumende Mädchen

Träumen gab sie den zukünftigen Kindern bereits Namen und stellte sich ihr Lachen und ihre Spiele vor. Oft stand sie auf dem Dach ihres Hauses und rief laut diese Namen, als ob sie sie im Garten rief.

Die Nachbarn hörten eines Tages ihre Rufe und dachten, sie sei in Not. Sie eilten herbei, um ihr zu helfen, nur um herauszufinden, dass es kein echtes Problem gab. Ihre Träume und die Namen, die sie rief, hatten zufällig eine Gruppe von Dieben verängstigt, die in ihr Haus einbrechen wollten. Die Diebe rannten weg, und das Mädchen blieb sicher.

Dieses Ereignis lehrte alle im Dorf, dass Träumen manchmal mehr als nur Wunschdenken sein kann; es kann Realität schaffen und sogar schützen. Das Mädchen lehrte später ihre eigenen Kinder, niemals aufzuhören zu träumen, denn wer weiß, was für Wunder ein Traum eines Tages bringen kann.

Het Dromende Meisje

Het meisje droomde, ze gaf toekomstige kinderen al namen en stelde zich hun lachen en spelletjes voor. Vaak stond ze op het dak van haar huis en riep luid die namen, alsof ze hen in de tuin riep.

De buren hoorden op een dag haar roepen en dachten dat ze in nood was. Ze snelden toe om haar te helpen, alleen om te ontdekken dat er geen echt probleem was. Haar dromen en de namen die ze riep, hadden toevallig een groep dieven bang gemaakt die haar huis wilden inbreken. De dieven renden weg, en het meisje bleef veilig.

Deze gebeurtenis leerde iedereen in het dorp dat dromen soms meer dan alleen maar wensdenken kan zijn; het kan realiteit creëren en zelfs beschermen. Het meisje leerde later haar eigen kinderen om nooit te stoppen met dromen, want wie weet welke wonderen een droom op een dag kan brengen.

Die beiden Brüder und der magische Vogel

Es gab zwei Brüder. Der eine war schlecht und wollte immer mehr. Der andere war nett und hatte nicht viel. Als ihr Vater starb, nahm der schlechte Bruder alles. Der nette Bruder bekam nur einen Korb und eine Axt.

Der nette Bruder fand einen Zauber-Vogel. Der Vogel gab ihm Gold für eine Reise. Der Bruder wurde reich und lebte gut.

Der schlechte Bruder wollte auch Gold. Er ging zum Vogel und bekam Gold. Aber der Vogel ließ ihn allein auf einer Insel. Der nette Bruder bekam das Land und half allen.

De Twee Broers en de Magische Vogel

Er waren eens twee broers. De ene was slecht en wilde altijd meer. De andere was aardig en had niet veel. Toen hun vader stierf, nam de slechte broer alles. De aardige broer kreeg alleen een mand en een bijl.

De aardige broer vond een magische vogel. De vogel gaf hem goud voor een reis. De broer werd rijk en leefde goed.

De slechte broer wilde ook goud. Hij ging naar de vogel en kreeg goud. Maar de vogel liet hem alleen achter op een eiland. De aardige broer kreeg het land en hielp iedereen.

Die Geschichte der Riesigen Bäume

Es gab einen Wald mit großen Bäumen. Adao und seine Freunde wollten Geld verdienen, indem sie Bäume fällten. Sie planten, jeden Monat einen Baum zu fällen und zwei neue zu pflanzen. Aber die Freunde wollten mehr Geld und fällten zu viele Bäume. Adao war nicht einverstanden, aber sie hörten nicht.

Nachts hörte Adao eine Stimme, die vor Strafe warnte. Ein Sturm kam und machte alles kaputt. Adao blieb und pflanzte mehr Bäume. Danach war sein Haus wieder da und es gab Essen. Er sagte, dass er weiter Bäume pflanzen wird.

Adao wurde sehr alt. Er wurde ein Geist und beschützte den Wald. Ein Junge namens João hörte von Adao und machte weiter. Die Geschichte von Adao zeigt, dass wir auf die Natur aufpassen müssen.

Het Verhaal van de Reusachtige Bomen

Er was eens een bos met grote bomen. Adao en zijn vrienden wilden geld verdienen door bomen om te hakken. Ze planden om elke maand één boom om te hakken en twee nieuwe te planten. Maar de vrienden wilden meer geld en hakten te veel bomen om. Adao was het er niet mee eens, maar ze luisterden niet.

's Nachts hoorde Adao een stem die waarschuwde voor straf. Een storm kwam en verwoestte alles. Adao bleef en plantte meer bomen. Daarna was zijn huis er weer en was er eten. Hij zei dat hij door zou gaan met het planten van bomen.

Adao werd heel oud. Hij werd een geest en beschermde het bos. Een jongen genaamd João hoorde over Adao en zette zijn werk voort. Het verhaal van Adao laat zien dat we voor de natuur moeten zorgen.

Der Bär und der Hase

Es gab einen großen Bären im Wald, der immer prahlte, wie stark und mutig er sei. Doch insgeheim hatte er eine große Angst vor Mäusen, die er vor den anderen Tieren verbergen wollte. Keiner sollte wissen, dass der große Bär vor solch kleinen Wesen Angst hatte.

In der Nähe des Bären lebte ein kleiner Hase, der für seine Ruhe und Freundlichkeit bekannt war. Er prahlte nie mit Stärke oder Mut, weil er sich selbst als ganz normal ansah. Der Bär machte sich oft über die scheinbare Angst des Hasen lustig, was den Hasen aber nicht störte, denn er wusste, dass jeder seine eigenen Ängste hat.

Eines Tages geriet der Bär in eine missliche Lage: Er war auf einen Baum geklettert, um Honig zu holen, und sah dann eine Familie von Mäusen am Baumstamm. Vor Schreck traute er sich nicht mehr, herunterzuklettern. Der Hase hörte die Hilferufe des Bären und eilte zu seiner Rettung. Mit seiner ruhigen und besonnenen Art überzeugte er die Mäuse, wegzugehen, und half dem Bären herunter. "Warum hast du Angst vor so kleinen Tieren?" fragte der Hase. Der Bär schämte sich und gestand seine Furcht. Der Hase lehrte ihn, dass man niemanden nach seiner Größe oder dem Aussehen beurteilen sollte. Von diesem Tag an waren der Bär und der Hase gute Freunde, und der Bär lernte, seine Stärke nicht zu missbrauchen und andere nicht zu unterschätzen.

De Beer en de Haas

Er was eens een grote beer in het bos die altijd opschepte over hoe sterk en moedig hij was. Maar in het geheim was hij erg bang voor muizen, wat hij voor de andere dieren wilde verbergen. Niemand mocht weten dat de grote beer bang was voor zulke kleine wezens.

In de buurt van de beer woonde een kleine haas, die bekend stond om zijn rust en vriendelijkheid. Hij schepte nooit op over zijn kracht of moed, omdat hij zichzelf als heel normaal beschouwde. De beer lachte vaak om de vermeende angst van de haas, maar dat stoorde de haas niet, omdat hij wist dat iedereen zijn eigen angsten heeft.

Op een dag kwam de beer in een lastige situatie: hij was in een boom geklommen om honing te halen en zag toen een familie muizen bij de boomstam. Uit angst durfde hij niet meer naar beneden te klimmen. De haas hoorde de hulpkreten van de beer en snelde hem te hulp. Met zijn kalme en bedachtzame manier overtuigde hij de muizen om weg te gaan en hielp de beer naar beneden. "Waarom ben je bang voor zulke kleine dieren?" vroeg de haas. De beer schaamde zich en bekende zijn angst. De haas leerde hem dat je niemand op zijn grootte of uiterlijk moet beoordelen. Vanaf die dag waren de beer en de haas goede vrienden, en de beer leerde zijn kracht niet te misbruiken en anderen niet te onderschatten.

Die Verletzte Löwin

In einem kleinen Dorf hütete ein armes Mädchen die Kühe. Eines Tages entdeckte sie einen Löwen, der sich vor Schmerz krümmte, weil ein Dorn in seiner Pfote steckte. Trotz ihrer Angst zeigte sie Mitgefühl und entfernte den Dorn. Der Löwe brüllte sanft zum Dank, doch als das Mädchen zu ihrem Vieh zurückkehrte, stellte sie fest, dass alle Kühe verschwunden waren. Der Bauer des Dorfes war über den Verlust wütend und vertraute ihr fortan die Schafherde an.

Im folgenden Jahr begegnete sie dem Löwen wieder, der denselben Schmerz litt. Ohne zu zögern half sie ihm erneut, nur um danach festzustellen, dass auch die Schafe verschwunden waren. Der Bauer, nun noch wütender, wies ihr die Aufgabe zu, die Schweine zu hüten. Als sie dem Löwen zum dritten Mal half, geschah es wieder: Die Schweine waren weg. Das Mädchen entschloss sich, dem Geheimnis auf den Grund zu gehen, und folgte einer Spur, die sie zu einem verfluchten Prinzen führte, der sich tagsüber in einen Löwen verwandelte.

Mutig konfrontierte sie den Zauberer, der hinter dem Fluch steckte, und forderte ihn heraus. Er verlangte von ihr, einen Mantel aus dem Haar einer Prinzessin zu fertigen, um den Fluch aufzuheben. Geschickt gewann sie das Vertrauen der Prinzessin und webte einen prachtvollen Mantel. Der Zauberer, beeindruckt von ihrer Entschlossenheit und ihrem Geschick, hob den Fluch auf. Der Prinz heiratete die Prinzessin, und das Mädchen wurde als Heldin des Dorfes gefeiert, bekannt für ihren Mut und ihr gutes Herz.

De Gewonde Leeuwin

In een klein dorp hoedde een arm meisje de koeien. Op een dag ontdekte ze een leeuwin die zich van pijn wrong omdat er een doorn in haar poot zat. Ondanks haar angst toonde ze mededogen en verwijderde de doorn. De leeuwin brulde zachtjes uit dankbaarheid, maar toen het meisje naar haar vee terugkeerde, ontdekte ze dat alle koeien verdwenen waren. De boer van het dorp was woedend over het verlies en vertrouwde haar voortaan de schaapskudde toe.

Het volgende jaar ontmoette ze de leeuwin weer, die dezelfde pijn leed. Zonder aarzelen hielp ze haar opnieuw, alleen om daarna te ontdekken dat ook de schapen verdwenen waren. De boer, nu nog bozer, droeg haar op om de varkens te hoeden. Toen ze de leeuwin voor de derde keer hielp, gebeurde het weer: de varkens waren weg. Het meisje besloot het geheim te ontrafelen en volgde een spoor dat haar naar een vervloekte prins leidde, die overdag in een leeuw veranderde.

Moedig confronteerde ze de tovenaar die achter de vloek zat en daagde hem uit. Hij eiste van haar een mantel te maken van het haar van een prinses om de vloek op te heffen. Slim won ze het vertrouwen van de prinses en weefde een prachtige mantel. De tovenaar, onder de indruk van haar vastberadenheid en vaardigheid, hief de vloek op. De prins trouwde met de prinses en het meisje werd als heldin van het dorp gevierd, bekend om haar moed en goed hart.

Zwei Brüder und das magische Samenkorn

Es gab einmal zwei Brüder in Korea. Der jüngere war nett, aber der ältere war nicht so nett. Ihr Vater sagte oft: "Du bekommst zurück, was du gibst." Als ihr Vater starb, nahm der ältere Bruder alles Land für sich, und der jüngere bekam nichts.

Der jüngere Bruder pflanzte Reis auf einem kleinen Stück Land und baute ein Haus. Seine Ernte ging kaputt und sein Bruder wollte nicht helfen. Aber er rettete ein kleines Vogelkind und als Dank bekam er ein magisches Samenkorn. Daraus wuchsen Melonen voller Gold. Der jüngere Bruder wurde reich.

Der ältere Bruder wollte auch Gold haben und half einem Vogel. Aber das Samenkorn, das er bekam, brachte Pflanzen mit bösen Tieren, die sein Haus kaputt machten. Der ältere Bruder hatte nichts mehr und lernte, nett zu sein. Am Ende arbeiteten die Brüder zusammen, so wie ihr Vater es wollte. Sie verstanden, dass man das zurückbekommt, was man gibt.

Twee Broers en het Magische Zaadje

Er waren eens twee broers in Korea. De jongere was aardig, maar de oudere was dat niet. Hun vader zei vaak: "Je krijgt terug wat je geeft." Toen hun vader stierf, nam de oudere broer al het land voor zichzelf en de jongere kreeg niets.

De jongere broer plantte rijst op een klein stuk land en bouwde een huis. Zijn oogst ging verloren en zijn broer wilde niet helpen. Maar hij redde een klein vogeltje en als dank kreeg hij een magisch zaadje. Daaruit groeiden meloenen vol goud. De jongere broer werd rijk.

De oudere broer wilde ook goud hebben en hielp een vogel. Maar het zaadje dat hij kreeg, bracht planten met kwade dieren, die zijn huis verwoestten. De oudere broer had niets meer en leerde aardig te zijn. Uiteindelijk werkten de broers samen, zoals hun vader het wilde. Ze begrepen dat je terugkrijgt wat je geeft.

Wind und Sonne

Einst stritten der Wind und die Sonne, wer von beiden stärker sei. Der Wind behauptete mit stolz geschwellter Brust, dass seine Fähigkeit, mächtige Stürme zu entfachen, ihn zum mächtigsten aller Wetter machte. Die Sonne hingegen lächelte milde und meinte, wahre Stärke läge in der Beständigkeit und der Fähigkeit, das Leben zu nähren und zu erwärmen. Sie entschieden, einen Wettstreit zu machen, indem sie versuchen sollten, einen vorübergehenden Wanderer dazu zu bringen, seinen Mantel abzulegen.

Der Wind begann mit aller Macht zu wehen, peitschte die Bäume und wirbelte Staub und Blätter durch die Luft. Der Wanderer zog seinen Mantel jedoch nur enger um sich, trotzte dem stürmischen Wind und schützte sich vor der kalten Brise. Der Wind blies und blies, aber je heftiger er wehte, desto fester hielt der Wanderer seinen Mantel um sich. Schließlich gab der Wind auf, erkannte seine Niederlage und zog sich zurück, wobei er sich mit donnerndem Grollen verabschiedete.

Nun war die Sonne an der Reihe. Sie begann sanft, ihre warmen Strahlen auf das Land hinabzuschicken. Bald fühlte der Wanderer die angenehme Wärme und lockerte seinen Mantel. Als die Sonne weiterhin mit ruhiger und steter Kraft schien, wurde es ihm warm, und er nahm schließlich seinen Mantel ab. Die Sonne hatte gezeigt, dass Sanftheit und Geduld oft mehr erreichen als rohe Kraft. Der Wind und die Sonne verstanden, dass jeder auf seine Weise wichtig ist, und dass gemeinsames Handeln und Anerkennung der Stärken des anderen zu einem harmonischen Zusammenleben führen.

Wind en Zon

Ooit streden de wind en de zon over wie van hen beiden sterker was. De wind beweerde trots dat zijn vermogen om machtige stormen te ontketenen hem de machtigste van alle weersomstandigheden maakte. De zon glimlachte echter zachtjes en zei dat ware kracht lag in consistentie en het vermogen om het leven te voeden en te verwarmen. Ze besloten een wedstrijd te houden door te proberen een voorbijgaande wandelaar zijn mantel te laten afdoen.

De wind begon met al zijn kracht te waaien, zwiepte de bomen en wervelde stof en bladeren door de lucht. De wandelaar trok zijn mantel echter alleen maar strakker om zich heen, trotseerde de stormachtige wind en beschermde zichzelf tegen de koude bries. Hoe heviger de wind waaide, hoe steviger de wandelaar zijn mantel om zich heen hield. Uiteindelijk gaf de wind het op, erkende zijn nederlaag en trok zich terug met donderend grommen.

Toen was het de beurt aan de zon. Ze begon zachtjes haar warme stralen over het land te sturen. Al snel voelde de wandelaar de aangename warmte en maakte zijn mantel losser. Toen de zon bleef schijnen met rustige en constante kracht, werd het hem warm en deed hij uiteindelijk zijn mantel af. De zon had aangetoond dat zachtheid en geduld vaak meer bereiken dan brute kracht. De wind en de zon begrepen dat ieder op zijn eigen manier belangrijk is, en dat gezamenlijk handelen en erkenning van elkaars krachten leiden tot harmonieus samenleven.

Die Schildkröte und das Kaninchen

Es war einmal ein Kaninchen namens Tim, das immer damit prahlte, das schnellste Tier im Wald zu sein. Tim mochte es, durch die Gegend zu hüpfen und jedem zu zeigen, wie schnell er war. Eine Schildkröte namens George war das genaue Gegenteil von Tim. George war langsam und geduldig und machte sich nie Sorgen um Rennen oder Geschwindigkeit.

Eines Tages schlug Tim vor, ein Rennen zu machen, um zu beweisen, dass er der Schnellste sei. George war zögerlich, stimmte aber zu. Sie baten Oliver, die alte weise Eule des Waldes, das Rennen zu leiten. Alle Tiere versammelten sich, um zu sehen, wie das schnelle Kaninchen gegen die langsame Schildkröte antrat. Als das Rennen begann, schoss Tim vor wie ein Blitz, während George langsam und stetig seinen Weg begann.

Tim war so weit voraus, dass er sich sicher fühlte und sich entschied, ein Nickerchen unter einem Baum zu machen. In der Zwischenzeit bewegte sich George langsam aber stetig vorwärts. Als Tim aufwachte, war es zu spät. George war bereits an ihm vorbeigezogen und fast am Ziel. George erreichte die Ziellinie als Erster, und die anderen Tiere jubelten. Tim konnte es nicht fassen, aber er musste einsehen, dass langsam und stetig oft das Rennen gewinnt. Er entschuldigte sich bei George für sein Angeben und die beiden wurden gute Freunde. Von diesem Tag an prahlte Tim nicht mehr und lernte, die Stärken anderer zu schätzen.

De Schildpad en het Konijn

Er was eens een konijn genaamd Tim, dat altijd opschepte dat hij het snelste dier in het bos was. Tim hield ervan om rond te springen en iedereen te laten zien hoe snel hij was. Een schildpad genaamd George was het tegenovergestelde van Tim. George was langzaam en geduldig en maakte zich nooit zorgen om racen of snelheid.

Op een dag stelde Tim voor om een race te houden om te bewijzen dat hij de snelste was. George was terughoudend, maar stemde toe. Ze vroegen Oliver, de oude wijze uil van het bos, om de race te leiden. Alle dieren verzamelden zich om te zien hoe het snelle konijn het tegen de trage schildpad opnam. Toen de race begon, schoot Tim weg als een bliksemschicht, terwijl George langzaam en gestaag zijn weg begon.

Tim was zo ver vooruit dat hij zich veilig voelde en besloot een dutje te doen onder een boom. Ondertussen bewoog George langzaam maar gestaag voorwaarts. Toen Tim wakker werd, was het te laat. George was al voorbij hem en bijna bij de finish. George bereikte als eerste de finishlijn en de andere dieren juichten. Tim kon het niet geloven, maar moest toegeven dat langzaam en gestaag vaak de race wint. Hij verontschuldigde zich bij George voor zijn opschepperij en de twee werden goede vrienden. Vanaf die dag schepte Tim niet meer op en leerde hij de krachten van anderen te waarderen.

Die drei kleinen Schweinchen

Es gab einmal drei kleine Schweinchen, die von ihrer Mama weggingen, um ihre eigenen Häuser zu bauen. Das erste baute sein Haus aus Stroh, weil es einfach und schnell ging. Das zweite Schweinchen baute sein Haus aus Holz, es dauerte etwas länger, aber es war immer noch leicht. Das dritte Schweinchen arbeitete hart, um ein Haus aus Ziegeln zu bauen, weil es stark sein sollte.

Eines Tages kam ein Wolf, der hungrig war und in die Häuser eindringen wollte. Er pustete das Strohhaus weg und dann das Holzhaus. Die beiden Schweinchen rannten zum Ziegelhaus. Der Wolf versuchte, es auch wegzupusten, aber er konnte nicht. Dann kletterte er auf das Dach, um durch den Schornstein zu kommen. Aber die Schweinchen hatten unter dem Schornstein einen Topf mit kochendem Wasser, und der Wolf fiel hinein. Der Wolf lief weg und kam nie wieder zurück.

Die drei Schweinchen waren sicher im Ziegelhaus und lebten von da an glücklich zusammen. Sie lernten, dass harte Arbeit sich auszahlt und es wichtig ist, für schwierige Zeiten vorbereitet zu sein.

De Drie Kleine Varkentjes

Er waren eens drie kleine varkentjes die van hun moeder weggingen om hun eigen huizen te bouwen. Het eerste bouwde zijn huis van stro, omdat het eenvoudig en snel was. Het tweede varkentje bouwde zijn huis van hout, het duurde iets langer, maar het was nog steeds makkelijk. Het derde varkentje werkte hard om een huis van stenen te bouwen, omdat het sterk moest zijn.

Op een dag kwam er een wolf die honger had en de huizen wilde binnendringen. Hij blies het strohuis omver en vervolgens het houten huis. De twee varkentjes renden naar het stenen huis. De wolf probeerde het ook omver te blazen, maar dat lukte niet. Toen klom hij op het dak om via de schoorsteen binnen te komen. Maar de varkentjes hadden onder de schoorsteen een pot met kokend water staan, en de wolf viel erin. De wolf rende weg en kwam nooit meer terug.

De drie varkentjes waren veilig in het stenen huis en leefden vanaf dat moment gelukkig samen. Ze leerden dat hard werken loont en het belangrijk is om voorbereid te zijn op moeilijke tijden.

Die Drei Fische

In einem großen, blauen Teich weit weg lebten einmal drei Fische. Sie waren Freunde, aber sehr unterschiedlich. Der älteste Fisch war sehr weise und vorsichtig. Der mittlere Fisch war weniger vorsichtig, aber er hörte auf den ältesten. Der jüngste Fisch war übermütig und sorglos. Eines Tages hörten sie Menschen reden: Sie planten, am nächsten Tag zu kommen und Fische zu fangen. Der älteste Fisch sagte: "Wir müssen diesen Teich sofort verlassen." Der mittlere Fisch war unsicher, aber beschloss, dem ältesten zu folgen. Der jüngste Fisch lachte nur und blieb.

Am nächsten Morgen kamen die Menschen zurück mit Netzen und Angelruten. Der älteste Fisch und der mittlere Fisch hatten schon in einem anderen Teich Schutz gefunden. Aber der jüngste Fisch war noch da. Er dachte, er könnte den Menschen entkommen, aber das Glück war nicht auf seiner Seite. Die Menschen fingen ihn mit vielen anderen Fischen.

Diese Geschichte lehrt uns, dass wir auf Erfahrung und Weisheit hören und nicht nur auf unser Glück vertrauen sollten. Vorsicht ist besser als Nachsicht, und manchmal ist es klug, zu handeln, bevor die Gefahr eintritt.

De Drie Vissen

In een grote, blauwe vijver ver weg leefden eens drie vissen. Ze waren vrienden, maar heel verschillend. De oudste vis was heel wijs en voorzichtig. De middelste vis was minder voorzichtig, maar luisterde naar de oudste. De jongste vis was overmoedig en zorgeloos. Op een dag hoorden ze mensen praten: Ze waren van plan om de volgende dag te komen en vissen te vangen. De oudste vis zei: "We moeten deze vijver meteen verlaten." De middelste vis was onzeker, maar besloot de oudste te volgen. De jongste vis lachte alleen en bleef.

De volgende ochtend kwamen de mensen terug met netten en hengels. De oudste vis en de middelste vis hadden al in een andere vijver onderdak gevonden. Maar de jongste vis was er nog. Hij dacht dat hij aan de mensen kon ontsnappen, maar het geluk was niet aan zijn zijde. De mensen vingen hem samen met vele andere vissen.

Dit verhaal leert ons dat we naar ervaring en wijsheid moeten luisteren en niet alleen op ons geluk moeten vertrouwen. Voorzichtigheid is beter dan spijt achteraf, en soms is het verstandig om te handelen voordat het gevaar intreedt.

Drei bunte Freunde

Es waren einmal drei kleine Schmetterlinge: einer rot, einer gelb und einer weiß. Sie flogen immer zusammen herum.

Plötzlich kamen dunkle Wolken. Es würde bald regnen. Die Schmetterlinge suchten schnell nach einem Unterschlupf.

Sie fanden eine Blume und fragten: "Dürfen wir bei dir unter den Blättern bleiben, bis der Regen vorbei ist?"

Die Blume antwortete: "Nein, nur der weiße Schmetterling darf bleiben, weil er zu mir passt."

Also flogen sie weiter und fanden eine andere Blume. Sie fragten wieder, aber diese Blume sagte: "Nur der rote und der gelbe Schmetterling dürfen bleiben."

Die Schmetterlinge wollten nicht getrennt werden. Sie sagten: "Wir bleiben zusammen!"

Weil sie zusammenbleiben wollten, kam die Sonne heraus und der Regen ging weg.

Drie Kleurrijke Vrienden

Er waren eens drie kleine vlinders: één rood, één geel en één wit. Ze vlogen altijd samen rond.

Plotseling kwamen er donkere wolken. Het zou spoedig gaan regenen. De vlinders zochten snel naar een schuilplaats.

Ze vonden een bloem en vroegen: "Mogen we bij jou onder de bladeren schuilen tot de regen voorbij is?"

De bloem antwoordde: "Nee, alleen de witte vlinder mag blijven, omdat hij bij mij past."

Dus vlogen ze verder en vonden een andere bloem. Ze vroegen weer, maar deze bloem zei: "Alleen de rode en de gele vlinder mogen blijven."

De vlinders wilden niet gescheiden worden. Ze zeiden: "Wij blijven samen!"

Omdat ze samen wilden blijven, kwam de zon naar buiten en de regen ging weg.

Die kluge Füchsin und ihre Tricks

Es gab eine schlaue Füchsin, die immer hungrig war. Sie sah einen Wagen voller Fisch. Die Füchsin legte sich auf die Straße und tat so, als wäre sie tot.

Der Mann mit dem Wagen dachte, die Füchsin sei tot und legte sie zu den Fischen. Als der Wagen fuhr, warf die Füchsin die Fische herunter und aß sie.

Ein Bär kam und wollte Fisch. Die Füchsin sagte, er solle seinen Schwanz ins Wasser halten, um Fische zu fangen. Der Bär machte das, aber es wurde kalt und sein Schwanz blieb im Eis stecken.

Der Bär war böse, aber die Füchsin versteckte sich in einem Baum und lachte. Sie war schlau und hatte den Mann und den Bär ausgetrickst.

De Slimme Vos en Haar Streken

Er was een slimme vos die altijd honger had. Ze zag een wagen vol vis. De vos ging op de weg liggen en deed alsof ze dood was.

De man met de wagen dacht dat de vos dood was en legde haar bij de vissen. Toen de wagen reed, gooide de vos de vissen eruit en at ze op.

Een beer kwam en wilde vis. De vos zei dat hij zijn staart in het water moest houden om vissen te vangen. De beer deed dat, maar het werd koud en zijn staart bleef in het ijs steken.

De beer was boos, maar de vos verstopte zich in een boom en lachte. Ze was slim en had de man en de beer bedrogen.

Die Magische Vogel

In einem zauberhaften Garten namens Traumland lebten Jack und Lily. Sie hatten ein sorgenfreies Leben, umgeben von Schönheit und Freude. Aber sie wussten, dass sie niemals die Früchte des Baumes der Geheimnisse essen sollten.

Lange Zeit hielten sie sich an diese Regel, bis eines Tages Lily der Neugier nachgab und von der verbotenen Frucht aß. Dadurch veränderte sich alles, und sie wurden aus dem Traumland verbannt.

In der Nähe des Baumes der Geheimnisse lebte ein besonderer Vogel, der durch einen Funken aus dem Schwert des Wächters eine magische Kraft erhielt. Obwohl das Nest zerstört wurde, überlebte der Vogel und wurde bekannt als der Magische Vogel, ein Symbol der Hoffnung und Erneuerung.

Der Magische Vogel wurde zu einem Beschützer der Menschen, unsichtbar, aber immer da, um Trost und Freude zu spenden. Er erinnert uns daran, dass wir uns immer wieder erneuern und Schönheit aus der Asche unserer Erfahrungen schöpfen können.

Kinder überall lauschten den Geschichten des Magischen Vogels, fanden Trost in seiner Legende und lernten, dass sie, gleich ihm, stark sein und aus jeder Schwierigkeit gestärkt hervorgehen können.

De Magische Vogel

In een betoverende tuin genaamd Droomland leefden Jack en Lily. Ze leidden een zorgeloos leven, omgeven door schoonheid en vreugde. Maar ze wisten dat ze nooit de vruchten van de Boom der Geheimen mochten eten.

Lange tijd hielden ze zich aan deze regel, totdat Lily op een dag toegeeft aan haar nieuwsgierigheid en van de verboden vrucht at. Hierdoor veranderde alles en werden ze uit Droomland verbannen.

Nabij de Boom der Geheimen woonde een speciale vogel die magische kracht kreeg door een vonk uit het zwaard van de wachter. Hoewel het nest werd vernietigd, overleefde de vogel en werd bekend als de Magische Vogel, een symbool van hoop en vernieuwing.

De Magische Vogel werd een beschermer van de mensen, onzichtbaar, maar altijd aanwezig om troost en vreugde te brengen. Hij herinnert ons eraan dat we ons altijd weer kunnen vernieuwen en schoonheid kunnen putten uit de as van onze ervaringen.

Kinderen overal luisterden naar de verhalen van de Magische Vogel, vonden troost in zijn legende en leerden dat zij, net als hij, sterk kunnen zijn en versterkt uit elke moeilijkheid kunnen komen.

Die kleine Mädchen und die Maus

In einem kleinen Dorf in Polen lebte ein mutiges Mädchen namens Ania mit ihrer Familie. Ania hatte eine große Liebe zu allen Tieren, aber sie hatte eine kleine Angst, die sie von ihrem großen Bruder geerbt hatte - eine Furcht vor Mäusen. Diese Angst kam immer zum Vorschein, wenn sie und ihr Bruder ihr Wissen über Tiere in ihren Spielen testeten.

An einem warmen Sommertag, während eines Besuchs bei ihren Großeltern auf dem Land, begegnete Ania einer Maus in der Küche. Sie schrie, weil sie so überrascht war, aber ihre Großmutter kam schnell, um zu trösten. Die Großmutter nahm dies zum Anlass, Ania eine wichtige Lektion über das Leben und die Natur zu erteilen.

Sie erzählte, wie während des Krieges Mäuse ein Symbol des Überlebens und der Hoffnung für sie waren. Diese kleinen Geschöpfe, die oft übersehen oder gefürchtet wurden, hatten ihr gezeigt, wie man in schwierigen Zeiten durchhält. Durch die Geschichte ihrer Großmutter begann Ania zu verstehen, dass jede Kreatur ihren Wert hat und dass Mäuse nicht nur Angst einflößen, sondern auch Bewunderung verdienen können.

Bewegt von den Worten ihrer Großmutter, beschloss Ania, ihre Angst zu überwinden und Mäuse in einem neuen Licht zu sehen. Sie nahm sich fest vor, die neu gewonnene Weisheit mit ihrem Bruder zu teilen, um ihm zu helfen, seine eigene Furcht zu überwinden und vielleicht auch ein wenig Mut von ihr zu lernen.

Het Meisje en de Muis

In een klein dorpje in Polen woonde een moedig meisje genaamd Ania met haar familie. Ania had een grote liefde voor alle dieren, maar ze had een kleine angst, die ze van haar grote broer had geërfd - een angst voor muizen. Deze angst kwam altijd naar boven wanneer zij en haar broer hun kennis over dieren testten in hun spelletjes.

Op een warme zomerdag, tijdens een bezoek aan haar grootouders op het platteland, kwam Ania een muis tegen in de keuken. Ze schreeuwde van verrassing, maar haar oma kwam snel om te troosten. De oma nam dit als een kans om Ania een belangrijke les over het leven en de natuur te leren.

Ze vertelde hoe tijdens de oorlog muizen een symbool van overleven en hoop voor haar waren. Deze kleine wezens, die vaak over het hoofd werden gezien of gevreesd, hadden haar getoond hoe men door moeilijke tijden heen komt. Door het verhaal van haar oma begon Ania te begrijpen dat elk schepsel zijn waarde heeft en dat muizen niet alleen angst inboezemen, maar ook bewondering verdienen.

Geraakt door de woorden van haar oma, besloot Ania haar angst te overwinnen en muizen in een nieuw licht te zien. Ze nam zich voor om de nieuw verworven wijsheid met haar broer te delen, om hem te helpen zijn eigen angst te overwinnen en misschien ook een beetje moed van haar te leren.

Geheimnis des Bauernhofs

Es gab einen alten Bauern in Pakistan, der vier faule Söhne hatte. Der Bauer arbeitete hart, aber seine Söhne halfen nicht. Als der Bauer sehr krank wurde, machte er sich Sorgen um sie. Er erzählte ihnen von einem Schatz auf dem Bauernhof, den sie suchen sollten.

Nach dem Tod des Bauern suchten die Söhne überall auf dem Bauernhof nach dem Schatz. Sie fanden ihn nicht, aber sie machten die Erde für die Aussaat fertig. Sie pflanzten Samen, und als die Pflanzen wuchsen, verkauften sie die Ernte und verdienten Geld.

Ihr Onkel teilte das Geld und sagte ihnen, dass der Bauernhof der echte Schatz sei. Die Söhne verstanden und arbeiteten von da an hart. Sie lernten viel und wurden reicher.

Geheim van de Boerderij

Er was eens een oude boer in Pakistan, die vier luie zoons had. De boer werkte hard, maar zijn zoons hielpen niet. Toen de boer erg ziek werd, maakte hij zich zorgen over hen. Hij vertelde hen over een schat op de boerderij die ze moesten zoeken.

Na de dood van de boer zochten de zoons overal op de boerderij naar de schat. Ze vonden hem niet, maar ze maakten de aarde klaar voor het zaaien. Ze plantten zaden en toen de planten groeiden, verkochten ze de oogst en verdienden geld.

Hun oom verdeelde het geld en vertelde hen dat de boerderij de echte schat was. De zoons begrepen het en werkten vanaf dat moment hard. Ze leerden veel en werden rijker.

Der Magische Spiegel

Ein König wollte eine ehrliche Frau finden. Der Friseur des Königs hatte einen Spiegel, der zeigen sollte, ob jemand lügt. Der Spiegel würde Flecken zeigen, wenn jemand schlecht war. Aber der Spiegel war ein Trick: Er zeigte nie Flecken. Niemand wollte zuerst in den Spiegel schauen.

Der Friseur sprach von einer Schäferin, die mutig genug war, es zu versuchen. Vor allen Leuten im Schloss schaute die Schäferin in den Spiegel und es gab keine Flecken. Andere probierten auch, und es gab immer noch keine Flecken. Sie dachten, der Spiegel sei nicht echt.

Der König sagte, dass der Spiegel nicht magisch war. Die Ehrlichkeit der Schäferin zeigte, dass sie die Richtige war. Sie wurde die Königin wegen ihrer Tapferkeit und Ehrlichkeit.

De Magische Spiegel

Een koning wilde een eerlijke vrouw vinden. De kapper van de koning had een spiegel die zou laten zien of iemand loog. De spiegel zou vlekken tonen als iemand slecht was. Maar de spiegel was een truc: hij toonde nooit vlekken. Niemand wilde eerst in de spiegel kijken.

De kapper sprak over een herderin die dapper genoeg was om het te proberen. Voor iedereen in het kasteel keek de herderin in de spiegel en er waren geen vlekken. Anderen probeerden het ook, en er waren nog steeds geen vlekken. Ze dachten dat de spiegel niet echt was.

De koning zei dat de spiegel niet magisch was. De eerlijkheid van de herderin toonde aan dat zij de juiste was. Ze werd de koningin vanwege haar moed en eerlijkheid.

Die Frau und das Biest

In einer kleinen Stadt in Frankreich lebte einmal ein armes Mädchen namens Belle mit ihrem Vater. Eines Tages verirrte sich der Vater und fand ein geheimnisvolles Schloss. Im Schlossgarten pflückte er eine Rose für Belle, aber das weckte die Wut eines furchterregenden Biestes. Belle kam, um ihren Vater zu suchen, und traf das Biest. Sie entschied sich, bei dem Biest zu bleiben, damit ihr Vater frei sein konnte.

Anfangs fürchtete Belle das Biest, aber mit der Zeit lernte sie, das Gute in ihm zu sehen. Sie wurden Freunde und das Biest gestand, dass es sie gerne heiraten würde. Eines Tages erlaubte das Biest Belle, ihren kranken Vater mit Hilfe eines magischen Spiegels zu besuchen. Belle sah, dass ihr Vater Hilfe brauchte, und eilte zu ihm. Aber dann träumte sie, dass das Biest in Gefahr sei. Sie kehrte sofort zum Schloss zurück und fand das Biest krank und schwach. Als sie ihm ihre Liebe gestand, verwandelte sich das Biest in einen Prinzen - der Fluch war gebrochen. Überglücklich heirateten Belle und der Prinz und versprachen, für immer füreinander da zu sein.

De Vrouw en het Beest

In een klein stadje in Frankrijk woonde ooit een arm meisje genaamd Belle met haar vader. Op een dag verdwaalde haar vader en vond een mysterieus kasteel. In de tuin van het kasteel plukte hij een roos voor Belle, maar dat wekte de woede van een angstaanjagend beest. Belle kwam om haar vader te zoeken en ontmoette het beest. Ze besloot bij het beest te blijven zodat haar vader vrij kon zijn.

In het begin was Belle bang voor het beest, maar na verloop van tijd leerde ze het goede in hem zien. Ze werden vrienden en het beest gaf toe dat hij graag met haar wilde trouwen. Op een dag stond het beest Belle toe haar zieke vader te bezoeken met behulp van een magische spiegel. Belle zag dat haar vader hulp nodig had en snelde naar hem toe. Maar toen droomde ze dat het beest in gevaar was. Ze keerde onmiddellijk terug naar het kasteel en vond het beest ziek en zwak. Toen ze haar liefde aan hem bekende, veranderde het beest in een prins - de vloek was verbroken. Overgelukkig trouwden Belle en de prins en beloofden altijd voor elkaar te zijn.

Ehrlichkeit zählt

Es gab einen Jungen, Tim. Er log oft. Er sagte, es gäbe Monster, aber das war nicht wahr. Er log, um nicht arbeiten zu müssen. Seine Arbeit war, Kühe auf die Wiese zu bringen. Das fand er langweilig.

Eines Tages rief Tim: "Ein Löwe! Hilfe!" Die Leute kamen, aber es gab keinen Löwen. Tim lachte. Die Leute waren nicht glücklich. Sie sagten, Tim soll nicht mehr lügen.

Tim log wieder über einen Löwen. Die Leute kamen wieder, aber es war nur ein Scherz. Sie waren sehr sauer. Tims Vater entschuldigte sich.

Dann kam ein echter Löwe. Tim schrie um Hilfe. Aber niemand kam. Der Löwe griff Tim an, und er konnte nicht gerettet werden.

Die Geschichte zeigt: Lügen ist schlecht. Wenn man lügt, glauben die Leute nicht, wenn man wirklich Hilfe braucht.

Eerlijkheid Telt

Er was eens een jongen, Tim. Hij loog vaak. Hij zei dat er monsters waren, maar dat was niet waar. Hij loog om niet te hoeven werken. Zijn werk was om de koeien naar de weide te brengen. Dat vond hij saai.

Op een dag riep Tim: "Een leeuw! Help!" De mensen kwamen, maar er was geen leeuw. Tim lachte. De mensen waren niet blij. Ze zeiden dat Tim niet meer moest liegen.

Tim loog weer over een leeuw. De mensen kwamen weer, maar het was slechts een grap. Ze waren erg boos. Tims vader verontschuldigde zich.

Toen kwam er een echte leeuw. Tim schreeuwde om hulp. Maar niemand kwam. De leeuw viel Tim aan en hij kon niet gered worden.

Het verhaal toont: Liegen is slecht. Als je liegt, geloven mensen je niet wanneer je echt hulp nodig hebt.

Die Dämmerung des Drachen

Als es dunkel wurde, suchten drei Ritter, Aldric, Isabella und Lionel, einen Platz zum Schlafen. Sie fanden eine stille Stadt neben einem großen Berg. Die Stadt war sehr ruhig und alle Türen waren zu.

Die Ritter kamen in eine Herberge und hörten, dass ein Drache die Stadt bedroht. Sie beschlossen, den Drachen zu suchen. Die Leute sagten ihnen, wo sie den Drachen finden können.

Oben am Berg sahen die Ritter viele Schätze in einer Höhle. Sie dachten, ein großer Drache wäre dort. Aber der Drache war klein und nett. Er machte Schmuck.

Die Ritter sahen, dass sie falsch über den Drachen gedacht hatten. Sie brachten die Leute zur Höhle. Die Leute sahen, dass der Drache traurig war, weil seine Brille kaputt war. Sie halfen ihm, seine Brille zu reparieren.

Alle verstanden, dass der Drache gut war. Die Ritter gingen weiter und alle lernten, nicht wegen Gerüchten schlecht zu denken.

De Schemering van de Draak

Toen het donker werd, zochten drie ridders, Aldric, Isabella en Lionel, een plek om te slapen. Ze vonden een stille stad naast een grote berg. De stad was erg rustig en alle deuren waren gesloten.

De ridders kwamen in een herberg en hoorden dat een draak de stad bedreigde. Ze besloten de draak te zoeken. De mensen vertelden hen waar ze de draak konden vinden.

Boven op de berg zagen de ridders veel schatten in een grot. Ze dachten dat er een grote draak zou zijn. Maar de draak was klein en aardig. Hij maakte sieraden.

De ridders zagen dat ze verkeerd over de draak hadden gedacht. Ze brachten de mensen naar de grot. De mensen zagen dat de draak verdrietig was omdat zijn bril kapot was. Ze hielpen hem zijn bril te repareren.

Iedereen begreep dat de draak goed was. De ridders gingen verder en iedereen leerde niet slecht te denken vanwege geruchten.

Eine Unendliche Freundschaft

Ein Hase und ein Fuchs waren Freunde. Der Fuchs ging immer zum Hasen. Der Hase kam nie zu ihm. Der Fuchs wurde böse und machte einen Plan.

Eines Tages band der Fuchs ein Seil zwischen sich und den Hasen. Der Fuchs sprang in einen Fluss. Das Seil zog den Hasen ins Wasser. Der Hase konnte nicht schwimmen und ging unter.

Der Fuchs dachte, er hat dem Hasen etwas gezeigt. Aber ein großer Vogel kam und wollte den Hasen fangen. Weil sie mit dem Seil verbunden waren, fing der Vogel auch den Fuchs.

Der Fuchs verstand, dass sein Plan schlecht war. Er hatte nicht nur den Hasen, sondern auch sich selbst in Gefahr gebracht.

Ein Sprichwort sagt: Mach kein großes Loch für andere, du könntest selbst hineinfallen.

Een Oneindige Vriendschap

Een haas en een vos waren vrienden. De vos ging altijd naar de haas. De haas kwam nooit naar hem. De vos werd boos en bedacht een plan.

Op een dag bond de vos een touw tussen hem en de haas. De vos sprong in een rivier. Het touw trok de haas in het water. De haas kon niet zwemmen en zonk.

De vos dacht dat hij de haas iets had geleerd. Maar een grote vogel kwam en wilde de haas vangen. Omdat ze met het touw verbonden waren, ving de vogel ook de vos.

De vos begreep dat zijn plan slecht was. Hij had niet alleen de haas, maar ook zichzelf in gevaar gebracht.

Een spreekwoord zegt: Graaf geen groot gat voor anderen, je zou er zelf in kunnen vallen.

Die drei Bären

Es gab ein Mädchen, Lily. Sie ging in den Wald, um Beeren zu sammeln. Sie fand ein Haus. Im Haus sah sie drei Schüsseln Brei. Die erste Schüssel war zu heiß, die zweite zu kalt, die dritte genau richtig. Sie aß die ganze dritte Schüssel.

Dann probierte sie drei Betten. Das erste war zu hart, das zweite zu weich, das dritte genau richtig. Lily schlief im dritten Bett ein. Eine Bärenfamilie wohnte im Haus. Sie kamen zurück und sahen, dass jemand ihren Brei gegessen hatte. Sie fanden Lily schlafend.

Lily wachte auf, sah die Bären und rannte weg. Die Bären waren verwirrt. Sie aßen ihren Brei und dachten, Menschen sind komisch.

De Drie Beren

Er was een meisje, Lily. Ze ging het bos in om bessen te plukken. Ze vond een huis. In het huis zag ze drie kommen pap. De eerste kom was te heet, de tweede te koud, de derde precies goed. Ze at de hele derde kom leeg.

Toen probeerde ze drie bedden. Het eerste was te hard, het tweede te zacht, het derde precies goed. Lily viel in slaap in het derde bed. Een berenfamilie woonde in het huis. Ze kwamen terug en zagen dat iemand hun pap had opgegeten. Ze vonden Lily slapend.

Lily werd wakker, zag de beren en rende weg. De beren waren verward. Ze aten hun pap en dachten dat mensen vreemd zijn.

Eine nette Freundschaft

Max war eine kleine Raupe, die im Wald lebte. Er hatte einen besten Freund namens Sam, der auch eine Raupe war. Sie waren immer zusammen, aber sie hatten unterschiedliche Geschmäcker: Sam aß gerne Blätter und Max mochte Insekten.

Eines Tages veränderte sich Sam. Er wurde still und seine Haut wurde hart wie eine Schale. Max war verwirrt, aber blieb bei Sam, Tag und Nacht. Nach einiger Zeit brach Sam aus seiner Schale heraus und war plötzlich ein wunderschöner Schmetterling. Max war erst glücklich für seinen Freund, aber dann fühlte er sich einsam, als Sam wegfliegen konnte und er nicht.

Max war sehr traurig und weinte. Aber dann kam Sam zurück und erzählte Max, dass er ein Glühwürmchen war und nachts leuchten konnte. Bald darauf kamen andere Glühwürmchen dazu, und Max war nicht mehr allein. Sie alle wurden Freunde, und Max erkannte, dass jeder auf seine eigene Weise etwas Besonderes ist. Max und Sam spielten weiterhin jeden Tag zusammen und ihre Freundschaft blieb unendlich stark.

Een Vriendelijke Vriendschap

Max was een kleine rups die in het bos woonde. Hij had een beste vriend genaamd Sam, die ook een rups was. Ze waren altijd samen, maar ze hadden verschillende smaken: Sam at graag bladeren en Max hield van insecten.

Op een dag veranderde Sam. Hij werd stil en zijn huid werd hard als een schaal. Max was in de war, maar bleef dag en nacht bij Sam. Na een tijdje brak Sam uit zijn schaal en was plotseling een prachtige vlinder. Max was eerst blij voor zijn vriend, maar voelde zich daarna eenzaam toen Sam kon wegvliegen en hij niet.

Max was erg verdrietig en huilde. Maar toen kwam Sam terug en vertelde Max dat hij een vuurvliegje was en 's nachts kon schijnen. Al snel kwamen er andere vuurvliegjes bij en Max was niet meer alleen. Ze werden allemaal vrienden en Max realiseerde zich dat iedereen op zijn eigen manier speciaal is. Max en Sam speelden elke dag samen en hun vriendschap bleef ongelooflijk sterk.

Zuhause

Es war ein heißer Tag im Mai, und das kleine Mädchen Myna konnte nicht draußen spielen. Also half sie ihrer Mutter in der Küche. Myna mochte es, mit den bunten Lebensmitteln zu spielen, obwohl es manchmal ein Durcheinander gab. Einmal fing sie an, einen Raben namens Kakai zu füttern, und sie wurden Freunde.

Myna zog mit ihrer Mutter nach London, als sie sieben Jahre alt war. Sie vermisste Kakai und ihr altes Zuhause sehr. In London traf sie einen Raben, der ihr eine Geschichte erzählte. Die Geschichte handelte von Freunden, die sich nie im Stich lassen.

Sie lernte neue Freunde kennen und sprach besser Englisch, aber sie dachte oft an Kakai. Ihr Vater kam nach London, und sie versuchten, es zu ihrem neuen Zuhause zu machen. Eines Abends fand Myna heraus, dass der Rabe in London Kakai war! Kakai sagte ihr, dass Zuhause da ist, wo man sich geliebt und zugehörig fühlt. Myna wusste jetzt, dass sie zwei Zuhause hatte.

Thuis

Het was een hete dag in mei en het kleine meisje Myna kon niet buiten spelen. Dus hielp ze haar moeder in de keuken. Myna vond het leuk om met de kleurrijke voedingsmiddelen te spelen, ook al veroorzaakte het soms een rommel. Een keer begon ze een raaf genaamd Kakai te voeren en ze werden vrienden.

Myna verhuisde met haar moeder naar Londen toen ze zeven jaar oud was. Ze miste Kakai en haar oude thuis erg. In Londen ontmoette ze een raaf die haar een verhaal vertelde. Het verhaal ging over vrienden die elkaar nooit in de steek laten.

Ze maakte nieuwe vrienden en sprak beter Engels, maar ze dacht vaak aan Kakai. Haar vader kwam naar Londen en ze probeerden er hun nieuwe thuis van te maken. Op een avond ontdekte Myna dat de raaf in Londen Kakai was! Kakai vertelde haar dat thuis is waar je je geliefd en thuis voelt. Myna wist nu dat ze twee thuisplaatsen had.

Das Schwert

Uther Pendragon beobachtete die Abfahrt der römischen Schiffe, seine Männer an seiner Seite. Sie feierten ihre neu gewonnene Freiheit und schworen, England zu schützen. Während Uther gegen Feinde kämpfte, machte er sich Sorgen um seinen Sohn Arthur und bat seinen besten Freund, ihn wie sein eigenes Kind aufzuziehen.

Abseits von Uther aufgewachsen, lernte Arthur, ein mutiger Krieger zu werden. Als Uther alterte und einen Nachfolger wählen musste, konsultierte er Merlin, seinen weisen Berater und Zauberer. Sie planten, das Schwert Excalibur zu verzaubern, sodass nur der rechtmäßige König es aus dem Amboss ziehen konnte.

Bei einem großen Turnier konnte kein Krieger das Schwert entfernen. Arthur hingegen zog es mühelos heraus, als er für seinen Freund Kay ein Schwert suchte. Merlin erklärte Arthur zum rechtmäßigen Erben und das Volk jubelte. Arthur wurde ein guter König und schützte sein Volk so wie sein Vater es getan hatte.

Het Zwaard

Uther Pendragon keek toe hoe de Romeinse schepen vertrokken, met zijn mannen aan zijn zijde. Ze vierden hun nieuw gewonnen vrijheid en zwoeren Engeland te beschermen. Terwijl Uther vocht tegen vijanden, maakte hij zich zorgen om zijn zoon Arthur en vroeg zijn beste vriend om hem op te voeden als zijn eigen kind.

Los van Uther opgevoed, leerde Arthur een moedige krijger te worden. Toen Uther ouder werd en een opvolger moest kiezen, raadpleegde hij Merlin, zijn wijze adviseur en tovenaar. Ze planden om het zwaard Excalibur te betoveren, zodat alleen de rechtmatige koning het uit het aambeeld kon trekken.

Tijdens een groot toernooi kon geen enkele krijger het zwaard verwijderen. Arthur daarentegen trok het moeiteloos uit het aambeeld, toen hij een zwaard zocht voor zijn vriend Kay. Merlin verklaarde Arthur tot rechtmatige erfgenaam en het volk juichte. Arthur werd een goede koning en beschermde zijn volk zoals zijn vader dat had gedaan.

Die Geschichte eines weisen alten Mannes

Lange nachdem die Römer England verlassen hatten, wachte König Uther über seine Länder. Er sorgte sich um die Zukunft und vor allem um die Sicherheit seines Sohnes Arthur. Deshalb bat er seinen treuen Freund, Sir Ector, Arthur aufzuziehen, als wäre er sein eigener Sohn.

Arthur wuchs heran und wusste nichts von seiner königlichen Herkunft. Er wurde ein tapferer junger Mann, der für Gerechtigkeit und Mut bekannt war. Uther, der nun alt und schwach war, beriet sich mit Merlin, seinem weisen Ratgeber. Zusammen schmiedeten sie einen Plan, um den nächsten König zu bestimmen.

Sie beschlossen, ein magisches Schwert namens Excalibur in einen Stein zu stecken. Ein Zauber wurde gewirkt: Nur der wahre König konnte das Schwert herausziehen. Bei einem großen Fest versuchten viele Ritter, das Schwert zu entfernen, aber keiner war erfolgreich.

Als Arthur für seinen Bruder Kay ein Schwert finden musste, stieß er zufällig auf das Schwert im Stein. Ohne zu wissen, was er tat, zog er Excalibur mühelos heraus. Merlin verkündete, dass Arthur der wahre Erbe Uthers sei. Das Volk akzeptierte ihn als ihren neuen König. König Arthur regierte weise und gerecht und wurde bekannt für seinen Ratstisch, die Runde Tafel.

Het Verhaal van een Wijze Oude Man

Lang nadat de Romeinen Engeland hadden verlaten, waakte koning Uther over zijn landen. Hij maakte zich zorgen over de toekomst en vooral over de veiligheid van zijn zoon Arthur. Daarom vroeg hij zijn trouwe vriend, Sir Ector, om Arthur op te voeden alsof hij zijn eigen zoon was.

Arthur groeide op en wist niets van zijn koninklijke afkomst. Hij werd een dappere jongeman, bekend om zijn rechtvaardigheid en moed. Uther, nu oud en zwak, overlegde met Merlin, zijn wijze raadgever. Samen smeedden ze een plan om de volgende koning te bepalen.

Ze besloten een magisch zwaard genaamd Excalibur in een steen te steken. Er werd een betovering uitgesproken: alleen de ware koning kon het zwaard eruit trekken. Tijdens een groot feest probeerden vele ridders het zwaard te verwijderen, maar niemand was succesvol.

Toen Arthur voor zijn broer Kay een zwaard moest vinden, stuitte hij per toeval op het zwaard in de steen. Zonder te beseffen wat hij deed, trok hij Excalibur moeiteloos eruit. Merlin verkondigde dat Arthur de ware erfgenaam van Uther was. Het volk accepteerde hem als hun nieuwe koning. Koning Arthur regeerde wijs en rechtvaardig en werd bekend om zijn raadstafel, de Ronde Tafel.

Später!

Max war ein Junge, der nie sofort tat, was man ihm sagte. Er spielte, wenn er spielen wollte und aß, wenn er Hunger hatte. Wenn seine Mama ihn rief, rief er immer "Später!" und spielte weiter.

Eines Tages kam Max nach Hause und es war alles unordentlich. Seine Mama sagte, er solle aufräumen, aber er schrie "Später!" und sie musste es selbst machen.

Am nächsten Tag sagte seine Mama, er hätte in der Schule geschummelt. Max war wütend und schrie wieder "Später!", dann ging er in sein Zimmer.

Am Morgen danach war Max alleine. Keine Mama, keine Freunde. Er war erstmal egal und machte weiter. Aber nach einem Tag allein machte er sich Sorgen. Er suchte überall, aber fand niemanden.

Max wurde traurig und sagte, es tut ihm leid. Er wünschte sich, dass alles wieder normal ist. Am nächsten Tag war seine Mama wieder da und alles war wie vorher. Als sie ihn rief, um zur Schule zu gehen, wollte er "Später!" sagen, aber er sagte es nicht und machte sich sofort fertig.

Later!

Max was een jongen die nooit meteen deed wat hem gezegd werd. Hij speelde wanneer hij wilde spelen en at wanneer hij honger had. Als zijn moeder hem riep, riep hij altijd "Later!" en speelde verder.

Op een dag kwam Max thuis en alles was een rommeltje. Zijn moeder zei dat hij moest opruimen, maar hij schreeuwde "Later!" en zij moest het zelf doen.

De volgende dag zei zijn moeder dat hij had vals gespeeld op school. Max was boos en schreeuwde weer "Later!", waarna hij naar zijn kamer ging.

De volgende ochtend was Max alleen. Geen moeder, geen vrienden. Eerst maakte het hem niet uit en ging hij verder. Maar na een dag alleen begon hij zich zorgen te maken. Hij zocht overal, maar vond niemand.

Max werd verdrietig en zei dat het hem speet. Hij wenste dat alles weer normaal was. De volgende dag was zijn moeder er weer en was alles zoals voorheen. Toen ze hem riep om naar school te gaan, wilde hij "Later!" zeggen, maar hij deed het niet en maakte zich onmiddellijk klaar.

Ein Vertrag mit dem Teufel

In York lebte ein Mann namens Edward, der sich sehr für Magie interessierte. Eines Tages rief er den Teufel herbei, der ihm Zauberkraft anbot, wenn Edward ihm versprach, ihm seine Seele zu geben, wenn er jemals nach Rom käme. Edward sagte ja, dachte aber nicht daran, jemals nach Rom zu gehen.

Mit der Magie des Teufels machte Edward gute Dinge und wurde sehr bekannt. Der Teufel wartete, dass Edward nach Rom ging, aber das passierte nie.

Der Teufel machte einen Trick und brachte Edward an einen Ort, der auch Rom hieß. Dort sagte der Teufel, dass Edward sein Versprechen jetzt halten müsse. Edward betete und kämpfte gegen den Teufel. Dabei landete er zufällig auf dem Mond. Jetzt sagen die Leute, er lebt dort und passt auf uns auf.

Een Contract met de Duivel

In York woonde een man genaamd Edward, die zeer geïnteresseerd was in magie. Op een dag riep hij de duivel op, die hem toverkracht aanbood in ruil voor zijn ziel als hij ooit naar Rome zou gaan. Edward stemde toe, maar dacht er niet aan ooit naar Rome te gaan.

Met de magie van de duivel deed Edward goede dingen en werd zeer bekend. De duivel wachtte tot Edward naar Rome ging, maar dat gebeurde nooit.

De duivel bedacht een list en bracht Edward naar een plek die ook Rome heette. Daar zei de duivel dat Edward nu zijn belofte moest houden. Edward bad en vocht tegen de duivel. Daarbij belandde hij toevallig op de maan. Nu zeggen mensen dat hij daar leeft en op ons let.

Eine Schöne Blüte

Sophie war ein junges Mädchen, das sich in England langweilte. Sie träumte davon, an einen aufregenderen Ort zu ziehen. Eines regnerischen Tages ging sie im Park spazieren und traf eine alte Dame namens Penelope, die Blumenkronen machte. Penelope bereitete sich auf ein philippinisches Fest vor und fragte Sophie, ob sie ihr helfen könnte, da Sophies Name "eine schöne Blüte" bedeutete.

Zusammen halfen sie, das Fest zu organisieren, und bald kamen Menschen aus der philippinischen Gemeinschaft, um zu feiern. Es gab Essen, Musik und Tanz, und Sophie fühlte sich, als ob sie zu etwas Großem gehörte. Am Ende des Tages ging sie nach Hause und erzählte ihrer Familie von der wunderbaren Kultur, die sie erlebt hatte.

Am nächsten Tag kam Sophie zurück zum Fest, um noch mehr zu helfen. Sie lernte über die philippinische Kultur und ihre neuen Freunde. Sophie erkannte, dass man nicht weit reisen muss, um neue und aufregende Erfahrungen zu machen. England hatte seine eigenen Schätze, und sie wollte jetzt mehr über die vielen verschiedenen Kulturen in ihrem Land erfahren.

Een Prachtige Bloem

Sophie was een jong meisje dat zich in Engeland verveelde. Ze droomde ervan naar een spannendere plek te verhuizen. Op een regenachtige dag wandelde ze in het park en ontmoette een oude dame genaamd Penelope, die bloemenkransen maakte. Penelope bereidde zich voor op een Filipijns feest en vroeg Sophie om haar te helpen, aangezien Sophies naam "een prachtige bloem" betekende.

Samen hielpen ze het feest te organiseren, en al snel kwamen mensen uit de Filipijnse gemeenschap om te vieren. Er was eten, muziek en dans, en Sophie voelde zich alsof ze deel uitmaakte van iets groots. Aan het einde van de dag ging ze naar huis en vertelde haar familie over de prachtige cultuur die ze had meegemaakt.

De volgende dag kwam Sophie terug naar het feest om nog meer te helpen. Ze leerde over de Filipijnse cultuur en haar nieuwe vrienden. Sophie besefte dat je niet ver hoeft te reizen om nieuwe en opwindende ervaringen op te doen. Engeland had zijn eigen schatten, en ze wilde nu meer leren over de vele verschillende culturen in haar land.

Das Ende der Welt

Elijah war ein schlauer Mann in seiner Stadt. Eines Tages kamen seine Nachbarn zu ihm und sahen seine große Ziege.

„Elijah, lass uns deine Ziege nehmen und ein Fest am Fluss machen!", sagten sie.

Elijah war nicht sicher, aber die Nachbarn sagten: „Die Welt geht morgen unter!"

Elijah dachte, wenn das wahr ist, dann ist es okay. Sie nahmen die Ziege und gingen zum Fluss. Elijah tötete die Ziege und kochte sie. Die Nachbarn schwammen im Fluss.

Als das Essen fertig war, fragten die Nachbarn: „Wo sind unsere Sachen?"

Elijah antwortete: „Ich habe sie verbrannt, um das Feuer für die Ziege zu machen."

„Warum hast du das gemacht?", fragten sie.

„Wenn die Welt morgen untergeht, braucht ihr sie nicht mehr."

Het Einde van de Wereld

Elijah was een slimme man in zijn stad. Op een dag kwamen zijn buren naar hem toe en zagen zijn grote geit.

"Elijah, laat ons je geit nemen en een feest bij de rivier houden!", zeiden ze.

Elijah was niet zeker, maar de buren zeiden: "De wereld vergaat morgen!"

Elijah dacht, als dat waar is, dan is het oké. Ze namen de geit en gingen naar de rivier. Elijah slachtte de geit en kookte haar. De buren zwommen in de rivier.

Toen het eten klaar was, vroegen de buren: "Waar zijn onze spullen?"

Elijah antwoordde: "Ik heb ze verbrand om het vuur voor de geit te maken."

"Waarom heb je dat gedaan?", vroegen ze.

"Als de wereld morgen vergaat, hebben jullie ze niet meer nodig."

Eine Lange Schlaf

In einem Land weit weg gab es einen König und eine Königin. Sie hatten keine Kinder, aber eines Tages bekamen sie eine Tochter, Lila. Alle im Land waren froh und machten ein großes Fest. Sie luden viele Gäste ein, aber vergaßen die böse Hexe Malvina. Auf dem Fest gab es schöne Geschenke von den guten Hexen für Lila. Aber Malvina kam auch und machte einen bösen Zauber. Sie sagte, Lila würde sich an einer Spindel stechen und lange schlafen. Eine gute Hexe machte den Zauber nicht so schlimm, und Lila würde nur 100 Jahre schlafen.

Der König und die Königin sagten, dass niemand im Land scharfe Sachen haben darf. Aber Lila fand später einen Raum mit einer Spindel. Sie stach sich und schlief sofort ein, und alle im Schloss auch. Viele Jahre später kam Prinz Damien, fand Lila und küsste sie. Lila wachte auf, und alle waren wieder glücklich. Lila und Damien wurden ein Paar.

Een Lange Slaap

In een land ver weg waren er een koning en een koningin. Ze hadden geen kinderen, maar op een dag kregen ze een dochter, Lila. Iedereen in het land was blij en er werd een groot feest gehouden. Ze nodigden veel gasten uit, maar vergaten de boze heks Malvina. Op het feest gaven de goede heksen mooie cadeaus aan Lila. Maar Malvina kwam ook en sprak een boze spreuk uit. Ze zei dat Lila zich aan een spintol zou prikken en lang zou slapen. Een goede heks maakte de spreuk minder erg, en Lila zou slechts 100 jaar slapen.

De koning en koningin bevalen dat niemand in het land scherpe voorwerpen mocht hebben. Maar Lila vond later een kamer met een spintol. Ze prikte zichzelf en viel meteen in slaap, net als iedereen in het kasteel. Veel jaren later kwam prins Damien, vond Lila en kuste haar. Lila werd wakker en iedereen was weer gelukkig. Lila en Damien werden een stel.

Gemeinsam wachsen

Nach einem Streit in der Schule brachte mich Opa zu seinem Garten. Wir gingen still, ich trug einen Korb mit Werkzeug und Essen.

Opas Garten war nicht so bunt wie die anderen. Unser Nachbar sagte, Opa sollte leichtere Pflanzen anbauen, aber Opa hörte nicht.

Wir arbeiteten jeden Tag im Garten, ich fühlte mich besser. Eines Tages wuchs eine große, seltsame Pflanze, die "Was" genannt wurde. Sie sah aus, als könnte sie fliegen.

Opa machte ein Seil am Korb fest und schnitt die Pflanze ab. Wir flogen durch die Luft und sahen alles von oben. Opa sagte, das hilft, Probleme besser zu verstehen. Ich merkte, dass meine Probleme in der Schule lösbar waren. Opa machte Witze, dass wir Schnecken auf die Leute werfen könnten.

Ich fragte, wie wir zurückkommen. Opa sagte, wir werden schweben und den Weg finden. Ich umarmte ihn und war froh über die Zeit mit ihm.

Samen Groeien

Na een ruzie op school bracht opa me naar zijn tuin. We liepen stil, ik droeg een mand met gereedschap en eten.

Opa's tuin was niet zo kleurrijk als de andere. Onze buurman zei dat opa makkelijkere planten moest kweken, maar opa luisterde niet.

We werkten elke dag in de tuin, ik voelde me beter. Op een dag groeide er een grote, vreemde plant, genaamd "Wat". Het leek alsof hij kon vliegen.

Opa maakte een touw vast aan de mand en sneed de plant af. We vlogen door de lucht en zagen alles van boven. Opa zei dat dit helpt om problemen beter te begrijpen. Ik besefte dat mijn problemen op school oplosbaar waren. Opa grapte dat we slakken op mensen konden gooien.

Ik vroeg hoe we terug zouden komen. Opa zei dat we zouden zweven en de weg vinden. Ik omarmde hem en was blij met de tijd met hem.

Schuhe aus Glas

Ash, ein nettes Mädchen, lebte mit ihrer bösen Stiefmutter und Stiefschwestern, die sie schlecht behandelten. Sie musste alte Kleider tragen.

Einmal gab es eine Party beim König. Ash durfte nicht hin. Aber eine Fee half ihr, schick zu werden und gab ihr Glasschuhe.

Beim Fest fand der Prinz Ash toll. Sie tanzten, aber Ash rannte um Mitternacht weg und verlor einen Schuh. Der Prinz suchte das Mädchen, das in den Schuh passt.

Er fand Ash, und sie wurden ein glückliches Paar. Sie heirateten, und Ashs Stiefmutter und Stiefschwestern waren die Einzigen, die nicht froh waren.

Schoenen van Glas

Ash, een aardig meisje, woonde bij haar gemene stiefmoeder en stiefzussen, die haar slecht behandelden. Ze moest oude kleren dragen.

Er was eens een feest bij de koning. Ash mocht niet gaan. Maar een fee hielp haar om chique te worden en gaf haar glazen schoenen.

Op het feest vond de prins Ash geweldig. Ze dansten, maar Ash rende om middernacht weg en verloor een schoen. De prins zocht het meisje dat in de schoen paste.

Hij vond Ash, en ze werden een gelukkig stel. Ze trouwden, en Ashs stiefmoeder en stiefzussen waren de enigen die niet blij waren.

Ameise und Elefant

Die Ameise und der Elefant waren ungewöhnliche Freunde im Dschungel. Der Elefant war wegen seines strengen Vaters, der nicht wollte, dass er spielt, statt zu arbeiten, oft besorgt. Aber die Ameise, klug und kühn, fand immer Wege für sie, Spaß zu haben.

Eines Tages, während sie Verstecken spielten, spürten sie das Beben des Bodens – der Vater des Elefanten kam. Der Elefant flüsterte ängstlich, "Er wird wütend sein, dass ich nicht arbeite!" Die Ameise beruhigte ihn und sagte: "Schnell, versteck dich hinter mir! Ich werde ihn täuschen."

Als der Vater ankam, sah er nur die kleine Ameise. "Wo ist mein Sohn? Er sollte arbeiten!", brummte er. "Er hat seine Arbeit schon erledigt und ist losgezogen, um mehr zu finden", antwortete die Ameise schlau. Der Vater, zufrieden mit der Antwort, stapfte davon. Der Elefant trat erleichtert hervor, und sie versprachen, einander immer beizustehen, egal was kommen mag.

Mier en Olifant

De mier en de olifant waren ongewone vrienden in de jungle. De olifant was vaak bezorgd vanwege zijn strenge vader, die niet wilde dat hij speelde in plaats van te werken. Maar de mier, slim en dapper, vond altijd manieren voor hen om plezier te hebben.

Op een dag, terwijl ze verstoppertje speelden, voelden ze de grond beven - de vader van de olifant kwam eraan. De olifant fluisterde angstig, "Hij zal boos zijn dat ik niet werk!" De mier stelde hem gerust en zei: "Snel, verstop je achter mij! Ik zal hem voor de gek houden."

Toen de vader aankwam, zag hij alleen de kleine mier. "Waar is mijn zoon? Hij zou moeten werken!", bromde hij. "Hij heeft zijn werk al gedaan en is vertrokken om meer te vinden", antwoordde de mier slim. De vader, tevreden met het antwoord, stapte weg. De olifant kwam opgelucht tevoorschijn, en ze beloofden elkaar altijd te steunen, wat er ook gebeurt.

Eine neue Anfang

Leila zog von Teheran nach London zu ihren Cousins. Ihre Mutter sagte, sie würde dort Freunde finden. London war anders, und Leila fühlte sich fremd. Das Wetter war kalt, und die Leute waren anders.

In der Schule war Leila alleine. Die anderen Kinder sahen anders aus und spielten nicht mit ihr. Aber dann wurde Tom, ein netter Junge, ihr Freund. Sie hatten Spaß und erzählten Geschichten.

Mehr Kinder wurden Freunde mit Leila. Sie fragten über Teheran, und sie lernten zusammen. Leila war glücklich und fühlte sich gut in London.

Een Nieuw Begin

Leila verhuisde van Teheran naar Londen bij haar neven en nichten. Haar moeder zei dat ze daar vrienden zou vinden. Londen was anders, en Leila voelde zich een buitenstaander. Het weer was koud, en de mensen waren anders.

Op school was Leila alleen. De andere kinderen zagen er anders uit en speelden niet met haar. Maar toen werd Tom, een aardige jongen, haar vriend. Ze hadden plezier en vertelden verhalen.

Meer kinderen werden vrienden met Leila. Ze vroegen over Teheran, en ze leerden samen. Leila was blij en voelde zich goed in Londen.

Die Neugierige Leserin

Arjun hatte nur wenige Dinge: Kleider, Schuhe, Stifte und ein Buch. Bücher waren im Jahr 2042 selten. Arjun war arm und anders als die anderen Kinder.

Das Buch war wichtig für Arjun. Er konnte Bengalisch sprechen, aber nicht lesen. Seine Familie kam aus Bangladesch nach Großbritannien.

Eines Tages ging das Internet kaputt. Alles war durcheinander. Arjuns Buch wurde nützlich, weil es Informationen und Spiele hatte. Sie fanden eine alte Bibliothek. Arjun las und spielte dort.

Arjun fand ein Buch auf Englisch. Er lernte Bengalisch zu lesen. Das Internet kam zurück, aber Arjun blieb in der Bibliothek. Er wollte mehr lesen.

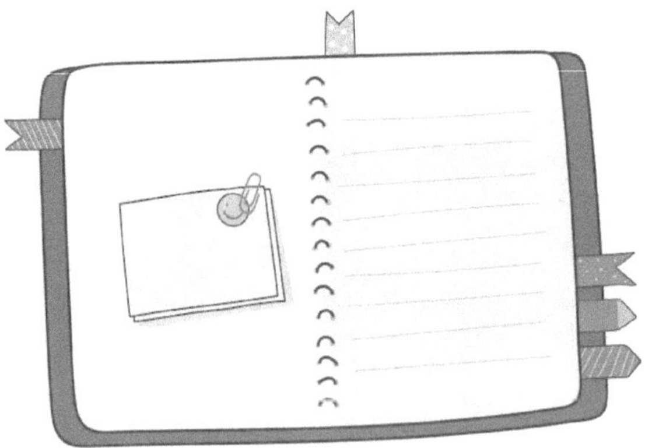

De Nieuwsgierige Lezer

Arjun had slechts een paar dingen: kleren, schoenen, pennen en een boek. Boeken waren zeldzaam in het jaar 2042. Arjun was arm en anders dan de andere kinderen.

Het boek was belangrijk voor Arjun. Hij kon Bengaals spreken, maar niet lezen. Zijn familie was vanuit Bangladesh naar Groot-Brittannië gekomen.

Op een dag viel het internet uit. Alles was in de war. Arjuns boek werd nuttig, omdat het informatie en spelletjes bevatte. Ze vonden een oude bibliotheek. Arjun las en speelde daar.

Arjun vond een boek in het Engels. Hij leerde Bengaals lezen. Het internet kwam terug, maar Arjun bleef in de bibliotheek. Hij wilde meer lezen.

Zwei unterschiedliche Brüder

Ben und Jack waren Brüder. Jack arbeitete hart auf der Farm. Ben war faul und heiratete reich. Jack hatte Pech: seine Ernte misslang und seine Familie wurde krank. Er musste Ben um Geld bitten, das er mit hohen Zinsen zurückzahlen sollte.

Später verlor Jack die Farm an Ben und wurde arm. Bei einer Hochzeit warf Ben ihm einen Knochen zu. Jack warf den Knochen weg und fand Glück. Bens Leben wurde schlecht, als er versuchte, das Glück wie Jack zu finden.

Jack lebte lange und glücklich. Ben wurde arm und starb.

Twee Verschillende Broers

Ben en Jack waren broers. Jack werkte hard op de boerderij. Ben was lui en trouwde rijk. Jack had pech: zijn oogst mislukte en zijn familie werd ziek. Hij moest Ben om geld vragen, dat hij met hoge rente terug moest betalen.

Later verloor Jack de boerderij aan Ben en werd arm. Bij een bruiloft gooide Ben hem een bot toe. Jack gooide het bot weg en vond geluk. Bens leven werd slecht toen hij probeerde geluk te vinden zoals Jack.

Jack leefde lang en gelukkig. Ben werd arm en stierf.

Die weise alte Dame

Es gab eine alte Dame mit vier Söhnen und deren Frauen, die immer stritten. Sie lebten getrennt, weil sie sich nicht einigen konnten. Die alte Dame wollte, dass sie zusammenhalten. Sie drohte, sie rauszuwerfen und verlangte, dass sie zusammen eine Küche benutzen.

Die Söhne gaben ihr Geld. Eines Tages brachte der jüngste Sohn eine tote Schlange mit. Die alte Dame legte sie auf das Dach, und ein Adler tauschte eine verlorene Diamantkette der Königin gegen die Schlange. Die alte Dame fand die Kette und gab sie der Königin zurück, fragte aber nur um Licht für ihr Haus zu Diwali. Die Göttin des Reichtums besuchte das beleuchtete Haus und versprach, bei ihnen zu bleiben, wenn sie vereint lebten.

Die Familie lebte von da an in Einheit und die Göttin des Reichtums segnete sie.

De Wijze Oude Dame

Er was een oude dame met vier zonen en hun vrouwen, die altijd ruzieden. Ze leefden gescheiden, omdat ze het niet eens konden worden. De oude dame wilde dat ze samenwerkten. Ze dreigde hen het huis uit te zetten en eiste dat ze samen één keuken gebruikten.

De zonen gaven haar geld. Op een dag bracht de jongste zoon een dode slang mee. De oude dame legde die op het dak, en een adelaar ruilde een verloren diamanten ketting van de koningin voor de slang. De oude dame vond de ketting en gaf die terug aan de koningin, maar vroeg alleen om licht voor haar huis tijdens Diwali. De godin van de rijkdom bezocht het verlichte huis en beloofde bij hen te blijven als ze verenigd leefden.

De familie leefde vanaf dat moment in eenheid en de godin van de rijkdom zegende hen.

Geschichte des Honigtropfens

Eines Tages stieß ein einfacher Waldarbeiter in einer verborgenen Höhle auf einen Schatz - einen Bienenstock voller reinsten Honigs. Er füllte seine Flaschen und machte sich auf den Weg in die nächste Stadt, um sein Glück zu versuchen. Sein treuer Hund begleitete ihn dabei. In der Stadt begegnete er einem Ölhändler, dessen Neugier durch den glänzenden Honig geweckt wurde. Sie handelten einen Tausch aus, aber während des Handels tropfte ein wenig Honig auf den Boden.

Dieser Tropfen zog eine Fliege an, die bald einen ganzen Schwarm nach sich zog. Eine Katze, angelockt durch das Summen, sprang nach den Fliegen und wurde vom Hund des Waldarbeiters angegriffen. Der Händler, erbost über den Verlust seiner Katze, schlug den Hund, woraufhin der Waldarbeiter aus Wut den Händler niederstach.

Der Mord löste einen Aufruhr aus. Die Menschen der Stadt, wütend und aufgebracht, richteten den Waldarbeiter hin. Als die Nachricht von seinem Tod seine Heimatstadt erreichte, sammelten sich die Bürger zu einem Vergeltungsschlag. Der Konflikt eskalierte schnell zu einem Krieg zwischen den Städten, angefacht von Vergeltung und Hass. Jahre vergingen mit Kämpfen und Verlusten, und der Ursprung des Konflikts, jener eine Tropfen Honig, ging in den Geschichten der Kriegszeit fast verloren.

Het Verhaal van de Honingdruppel

Op een dag vond een eenvoudige bosarbeider in een verborgen grot een schat - een bijenkorf vol met de puurste honing. Hij vulde zijn flessen en ging op weg naar de dichtstbijzijnde stad om zijn geluk te beproeven. Zijn trouwe hond vergezelde hem. In de stad ontmoette hij een oliehandelaar, wiens nieuwsgierigheid werd gewekt door de glanzende honing. Ze spraken een ruil af, maar tijdens de handel druppelde een beetje honing op de grond.

Deze druppel trok een vlieg aan, die al snel een hele zwerm aantrok. Een kat, gelokt door het gezoem, sprong naar de vliegen en werd aangevallen door de hond van de bosarbeider. De handelaar, woedend over het verlies van zijn kat, sloeg de hond, waarna de bosarbeider uit woede de handelaar neerstak.

De moord veroorzaakte grote onrust. De mensen van de stad, boos en opgeschud, executeerden de bosarbeider. Toen het nieuws van zijn dood zijn geboortestad bereikte, verzamelden de burgers zich voor een vergeldingsactie. Het conflict escaleerde snel tot een oorlog tussen de steden, aangewakkerd door wraak en haat. Jaren gingen voorbij met gevechten en verliezen, en de oorsprong van het conflict, die ene druppel honing, raakte bijna verloren in de verhalen van de oorlogstijd.

Der Wolf und die Reiherin

Es war einmal ein schlauer Wolf im Wald, der sich mit der Reiherin angefreundet hatte. Eines Tages entschloss er sich, seine neue Freundin zum Essen einzuladen. "Komm zu mir und probiere meinen besten Eintopf", sagte der Wolf zur Reiherin. Als die Reiherin ankam, fand sie, dass der Eintopf in einem flachen Teller serviert wurde, was es ihr unmöglich machte zu essen.

Nachdem der Wolf seinen Eintopf allein aufgegessen hatte, beschloss die Reiherin, den Wolf zu sich nach Hause zum Essen einzuladen. Dieses Mal servierte sie die Nahrung in einem hohen, engen Krug, perfekt für ihren Schnabel, aber unerreichbar für den Wolf. Während die Reiherin genüsslich ihre Mahlzeit schlürfte, musste der Wolf hungrig zusehen.

Die Reiherin blickte zum Wolf und sagte: "Nun, mein Freund, das ist die Art, wie manche Dinge funktionieren. Man muss immer daran denken, auch an die anderen zu denken." Der Wolf nickte traurig, denn er hatte die wichtige Lektion verstanden, die ihm die Reiherin mit ihrer Einladung erteilt hatte.

De Wolf en de Reiger

Er was eens een sluwe wolf in het bos, die bevriend raakte met een reiger. Op een dag besloot hij zijn nieuwe vriendin uit te nodigen voor het eten. "Kom naar mij toe en proef mijn beste stoofpot", zei de wolf tegen de reiger. Toen de reiger aankwam, ontdekte ze dat de stoofpot op een platte schaal werd geserveerd, wat het voor haar onmogelijk maakte om te eten.

Nadat de wolf zijn stoofpot alleen had opgegeten, besloot de reiger de wolf uit te nodigen voor een maaltijd bij haar thuis. Deze keer serveerde ze het eten in een hoge, smalle kruik, perfect voor haar snavel, maar onbereikbaar voor de wolf. Terwijl de reiger van haar maaltijd genoot, moest de wolf hongerig toekijken.

De reiger keek naar de wolf en zei: "Wel, mijn vriend, zo werken sommige dingen. Men moet altijd ook aan anderen denken." De wolf knikte verdrietig, want hij had de belangrijke les begrepen die de reiger hem met haar uitnodiging had geleerd.

Das verzauberte Gans

In einem Dorf lebte ein Junge namens Lukas, der beim Schuster arbeitete. Er träumte davon, Reichtum zu finden. Eines Tages hörte er von einer goldenen Gans, die in einem Schloss versteckt war. Lukas beschloss, die Gans zu suchen, um reich zu werden.

Er fand das Schloss und die Gans, die ihm Gold anbot, aber er durfte es nicht teilen. Lukas gab das Gold für viele Dinge aus, aber am Ende blieben ihm einige Münzen übrig. Ein armer Bettler bat um Hilfe, und Lukas gab ihm das restliche Gold.

Die goldene Gans erschien und sagte, dass er arm bleiben würde, weil er das Gold geteilt hatte. Aber Lukas war glücklich, weil er erkannte, dass Teilen wertvoller als Reichtum ist.

De Betoverde Gans

In een dorp woonde een jongen genaamd Lukas, die bij een schoenmaker werkte. Hij droomde ervan rijkdom te vinden. Op een dag hoorde hij over een gouden gans die in een kasteel verborgen was. Lukas besloot de gans te zoeken om rijk te worden.

Hij vond het kasteel en de gans, die hem goud aanbood, maar hij mocht het niet delen. Lukas gaf het goud uit aan veel dingen, maar uiteindelijk bleven er een paar munten over. Een arme bedelaar vroeg om hulp, en Lukas gaf hem het resterende goud.

De gouden gans verscheen en zei dat hij arm zou blijven omdat hij het goud had gedeeld. Maar Lukas was gelukkig, omdat hij zich realiseerde dat delen waardevoller is dan rijkdom.

Help ons jouw gedachten te delen!

Beste lezer,

Wij hopen dat je net zoveel plezier hebt beleefd aan het lezen van dit boek als wij aan het maken ervan voor jou. Dit boek is onderdeel van een speciale collectie van **Skriuwer** (**www.skriuwer.com**), een wereldwijde gemeenschap toegewijd aan het creëren van boeken die het leren van talen tot een boeiende en plezierige ervaring maken.

Onze reis eindigt hier nog niet. Wij geloven dat elke lezer deel uitmaakt van onze groeiende familie. Als er iets in dit boek was dat je niet beviel, of als je suggesties voor verbetering hebt, zijn wij er helemaal voor jou! Aarzel niet om contact met ons op te nemen via **kontakt@skriuwer.com**. Jouw feedback is uiterst waardevol om onze boeken nog beter te maken.

Als je van je ervaring hebt genoten, zouden we dolblij zijn om dat te horen! Overweeg een recensie achter te laten op de website waar u dit boek heeft gekocht. Jouw positieve beoordelingen verwarmen niet alleen onze harten, maar helpen ook andere taalleerders om onze boeken te ontdekken en te genieten.

Hartelijk dank dat je voor Skriuwer hebt gekozen. Laten we samen de wonderen van talen en de vreugde van leren blijven verkennen.

Hartelijke groeten,
Het Skriuwer-team

Zeitfracht Medien GmbH
Ferdinand-Jühlke-Straße 7
99095 Erfurt, Deutschland
produktsicherheit@kolibri360.de